编写工作分工

本书是由北京教育学院学生发展研究中心专家季苹、涂元玲、赵雪汝等指导北京市西城区育翔小学"学生健康自我成长课程"开发团队的老师们编写完成的。

编写分工如下：

刘亚宁，第一课时；

王冠，第二课时；

黄璐瑶，第三课时；

李雪岩，第四课时；

王依宁，第五课时；

李滨，第六课时；

郭蕾，第七课时；

郑男，第八课时；

黄璐瑶、王依宁、张昱暄，第九课时、第十课时；

胡晓峰、李滨、张昱暄，全书统稿。

学生健康自我成长课程

主　编　季　苹

副主编　涂元玲　赵雪汝　杨　玲

我会交朋友

胡晓峰　李滨　主编

教育科学出版社
·北京·

扫一扫，下载教学用 PPT

"学生健康自我成长课程"说明

这是一套响应国家对孩子们健康成长的深切关怀，基于研究者对学生发展和健康自我成长的长期学习和思考，由北京教育学院学生发展研究中心的研究者和基地学校的校长、老师共同开发的课程。

对"自我""健康自我"与"健康自我成长"的理解

在本课程中，"自我"是科学研究中的概念，不是日常话语中的"自我"。日常话语中的"自我"有时与"自私"接近，而科学研究中的"自我"是中性的科学术语。世界上没有两片完全一样的叶子，同样也没有两个完全一样的人。我们认为，每个人的自我不一样主要是由两个方面决定的：第一是需要不一样，第二是遇到事情的反应模式不一样。这就是自我的两个密码：需要密码和反应密码。

从个人与社会之间的关系看，"健康自我"主要包括个人自身、人际关系和环境适应三个方面。个人自身的健康发展主要表现为有觉察、调节和控制自己情绪的基本能力，了解自己的优缺点和内心需要，会进行自我规划；良好的人际关系主要表现为有同理心，善于沟通，拥有人际交往的能力，有亲密的朋友；良好的环境适应主要包括对自己生存的社会环境和自然环境的适应，表现为能够解决面对的问题和挑战，关心家庭、学校、社会和自然环境，了解和认同社会规范，有丰富的社会情感和基本的生活能力。三个方面由近及远，前者是后者发展的基础，后者的发展又反过来推动前者的发展。

健康自我的特征可以分为表现性特征、本质性特征和反省性特征三个层面。表现性特征是可以直接感受到的描述性特征，如积极应对问题、善于倾听、敢于表达自己的想法等；本质性特征是决定表现性特征的根源性内容，也是让表现性特征具有本质意义的特征，如在倾听中协调自己和他人的需要，从而产生爱和理想等；反省性特征体现自我的反身性，属于"元认知"，也就是通常所说的"自我意识"，主要包括情绪觉察、对需要是否合理的意识、对事实与意见即客观与主观的区分等。

"健康自我成长"总体上说也存在三个层次：情绪能力的发展、社会情感的发展和道德的发展。情绪能力主要指情绪觉察能力、情绪理解能力和情绪调节能力；社会情感是对社会的了解、认同，尤其是对社会对自己成长的意义的理解；道德是对自己、他人和对社会、自然的责任感。这三个层次体现了人从本能控制的自我走向社会性的自我然后走向道德自我的过程，是以自我的本质内涵的变化为划分标准的。

青少年尚处于发展阶段，其心理健康教育要以道德健康为方向，即要让他们初步理解爱、责任和理想是人生活的意义和获得幸福的原因。同时，青少年的道德健康要以心理健康为基础，也就是要让他们在保证自己安全和力所能及的情况下承担责任，在与人相处的过程中、在集体生活中逐渐产生社会情感。

学生对自我的认识以及学生自我的成长离不开家长、老师和同学等重要他人。"学生健康自我成长课程"从来不是学生独自学习的课程，而是师生一起学习的课程，也是孩子和父母一起学习的亲子课程。

"学生健康自我成长课程"的性质、目的与目标

本课程是在前面整体理解"自我""健康自我"及"健康自我成长"内涵的基础上设计的。性质是课程的定位，目的和目标是课程的灵魂，内容结构和活动是

课程的载体，后面谈到的互动、体验和练功[①]是课程的机制。

"学生健康自我成长课程"的性质是心理成长课程，但又有其特殊性

本课程是心理成长课程，关注学生内心世界的成长，也就是相对于"身"的"心"的成长。

我们关注学生道德的形成，但本课程将道德形成的心理基础作为主要目标，即将情绪觉察、情绪理解和情绪调节作为目标，将社会情感的形成和丰富作为目标，将对自我的灵魂的理解即爱和理想作为目标。

为什么不称其为"心理健康课"或者"心理成长课"，而是将其命名为"学生健康自我成长课程"呢？本课程是以对"自我"的理解为理论基础的，强调健康自我的整体性发展，即健康自我成长是以对"自我"的两个密码——需要密码和反应密码的理解和调节为轴心的螺旋式上升的过程。本课程与其他心理课程有很多相似之处，但具体内容和课程结构有自己的界定。

"学生健康自我成长课程"的目的是有层次的，并决定了课程内容的结构

本课程总的目的是帮助学生理解健康自我和形成健康自我发展能力。围绕这个总的目的，将健康自我内容的三个方面以及健康自我成长的三个层次结合起来考虑，形成四个层次的目的：第一层次的目的是要帮助学生学会情绪觉察和情绪理解，并让他们理解自我的两个密码，形成对自我的基本认识；第二层次的目的是要让学生理解美好的情绪情感，学会人际交往；第三层次的目的是丰富学生的社会情感，让学生理解融情商和智商为一体的大智慧；第四层次的目的是让学生在新的自我认识的基础上开始自我规划，成为负责任的自我。

本课程的整体内容结构主要是按照以上四个层次的目的安排的。

进一步说，"学生健康自我成长课程"的根本目的是学生幸福感的获得和健康自我发展能力的形成，即让学生在学习过程中获得幸福感，形成健康自我发展能力，实现真正的健康成长。获得幸福感包括能够有效地解决自己的问题、理解

[①] 本书中的"练功"指让学生自觉地将健康自我的知识和技能落实为一系列的行为习惯，练出健康自我的行为反应模式。

自己和他人、丰富自己的社会情感、让自己的心灵变得越来越滋润等。对应"幸福"目的，本课程在内容结构上有一个特殊的安排，即在关注问题解决的同时，还关注学生以怎样的心态解决问题。因此，我们在课程内容中增加了学生对美好情感的回忆，并使其在解决问题的过程中重视"美好回忆"的作用。

"学生健康自我成长课程"的目标是让学生形成真实的、可持续的健康自我发展能力

健康自我三个层面的特征（表现性特征、本质性特征和反省性特征）从理解健康自我的角度看是相对独立的，但是从目标实现的角度看，三者必须齐头并进、相互交融。让学生形成真实的、可持续的健康自我发展能力，是本课程的目标。如果学生能够理解表现性特征与本质性特征互为表里的关系，掌握具有本质意义的知识和技巧，就会形成真实的健康自我，而不是表面的健康自我。如果学生能够不断进行自我觉察和反思，就能看到自己成长的需要、成长的过程、成长带来的变化和成长的意义，就会不断地推动自我的发展，形成主动的、可持续发展的健康自我，形成健康自我发展能力。

"学生健康自我成长课程"的设计原则

本课程设计中我们主要遵循了以下几个原则。

以"螺旋式上升"保障健康自我成长及其同一性

课程是为学生成长设计的通道，对应"成长"，这个通道应该是自然"上升"的，而且"上升"是持续的，是前后"同一"的。这里的"同一"是心理学"自我同一性"中的"同一"，有统一、整合和自我确认的含义。这种"上升"在课程设计中通常被称为"螺旋式上升"，是课程设计的难点，也是我们努力的重点之一。要理解"螺旋式上升"，有两个关键点："螺旋"是什么？螺旋围绕的"轴"是什么？回答这些问题的过程实际上就是确定课程设计原则的过程。

发展与基础相结合的原则。成长是有层次的，是能够感受到"拔节"的。有了多个层次的考虑，教育的"引领"以及学生的"成长"才可能发生。但是，层次不是截然划分的。例如，在帮助学生理解"情绪觉察"的时候，需要帮助学生理解情绪觉察的意义、情绪觉察与情绪调整的关系，否则，学生会被动地进行情绪觉察。这样的安排实际上是以情绪觉察为重点的从情绪发生到调整过程的小循环。这个循环不是水平的，而是从基础到发展、从过去向未来的自下而上的循环。这就是"螺旋式上升"。在这个过程中，学生在教师的带领下不断在过去中看到未来，又在当下的发展中体会过去基础的意义，这样的"螺旋式上升"保证了学生的"成长"。

以自我密码为轴心的原则。上升的"轴"是什么？自我同一的核心是什么？就是自我的两个密码：需要密码和反应密码。随着内容的丰富和拓展，对需要密码和反应密码的理解会不断丰富和加深；反过来，对需要密码和反应密码的不断理解又会统整越来越丰富的内容，让自我在丰富的同时，避免碎片化现象，内容得到整合，内核得到加强，成长的能力得到发展。

自我发展的原则。相信学生有自我发展的能力，并创造条件让学生实现自我发展。没有自我的主动发展，就不是自我的成长。这里要说明的是，教师要时刻收集客观信息诊断学生的成长需要和可能的进步幅度，而不要凭主观臆断低估或高估学生。

要为学生的"主动的看得见的成长"创造条件

以真实问题的解决为主要学习方式的原则。只有在解决面临的真实问题的时候，学生才会全身心投入地为自己而学，才会感受到成长，才会理解学习的意义。这样的主动是真正的主动。在本课程中，我们坚持将真实问题的解决作为学习与活动的主要方式，故事和游戏等其他方式只是课程的"配料"和"升华"。

以真实的成长需要决定内容取舍的原则。成长需要一定的挑战，让学生感受到自己"拔节"的过程。学生面对挑战时，一方面，解决这些有难度的问题是他们的真实需要；另一方面，解决这些有难度的问题也是他们愿意冲破重重困难的最强动力。问题解决中所蕴含的有效的实践逻辑和智慧一旦被揭示出来，学生完全可以感受和理解。由此可见，让学生接受挑战既有客观必要性，也有现实可能性。

要让学生同时看见外在和内在变化的原则。自我的成长要让学生自己看得见。首先是能够解决学生面临的真实问题，其次是要在解决问题的过程中帮助学生形成问题解决的能力。在这里，"问题解决能力"不是抽象的，它在本质上就是形成适合自己、他人以及外在环境的一系列反应模式，也就是一系列"功夫"。再往深处看，学生还要看见反应模式调整的背后有自己需要的调整和才能的调整，包括毅力和自信的变化。也就是说，学生不仅能看到当下的问题解决，还能看到内在的对未来更有意义的健康自我的成长。

让学生在"意义"的推动下学习

首先是有意义教学的原则。本课程中的教学过程不是过去的"知识技能—练习"过程，而是"真实问题—意义—知识技能—练习"的过程。从问题和意义开始，让学生自己生成解决问题的办法，充分尊重了学生的自尊，这样的过程才是一个健康自我成长的过程。

其次是重视情绪的积极运用的原则。在问题解决过程中，我们既重视情绪的控制，也重视情绪的积极运用。我们教给学生身心放松术，也觉得美好的回忆更能让人平静。我们希望学生有直面问题的勇气和能力，更有因为美好而形成的积极的情怀和心态。

最后是真实学习的原则。本课程的课堂是开放的，有大量的学生讨论，我们鼓励和期待学生表达生活中的真实困惑，让学生的真实自我充分发展，从而避免配合教师和成人要求的虚假自我的形成。

以活动为主要形式，以互动、体验和练功为成长的基本机制

成长是需要机制的，因此对健康自我成长机制的认识也是进行课程设计所需要的基本认识之一。成长需要活动，而且是真实问题解决的活动，不仅有外显的行为，更有心理活动。活动是形式，互动、体验、练功等是机制。人的存在是社会性存在，自我需要的满足常常与他人有关，因此，互动是自我成长所需要的基本机制。体验是情绪情感发展或者说自我唤醒的基本机制，本课程中的"情景再现""情绪剧场"等都是课堂体验活动的形式。练功是学生成长的根本机制，没有练功，学生的学习会停留在认知上，无法转化为能力。本课程所设计的各课时的练功分享、两次"大功"的练功分享以及最后汇集的《健康自我成长·学生练功作品集》，都将鼓励学生坚持练功，感受练功带来的成长。

以嵌入的方式进行系统知识和技能的教学

问题解决是外在的成长，问题解决能力的形成是内在的成长，而后者是需要设计的。本课程将系统的知识和技能学习嵌入真实的问题情境中，让学生在问题解决的过程中自然生成和总结出系统的知识和技能。我们在教学用书编写中遇到的最重要也最艰难的工作首先是对"健康自我成长"的系统理解，然后将这种系统理解转化为学生所需要的具体知识和技能，并将其明确为目标，设计出相应的活动。这样设计出来的活动不是碎片化的，可以保证学生在活动中获得系统的知识和技能。

"学生健康自我成长课程"的特色

本课程的资源包括教学用书、学习手册以及今后要创设的练功分享平台。这是一套拿来就能用，但需要长期坚持学习的课程，具体来说，有以下特色。

教育理论工作者与一线教师合作完成，实现理论与实践的结合

明晰教育者的理想、理念和了解孩子们的生活是编写教学用书的两个基本条件，因此，教育理论工作者与一线教师是编写教学用书的最好搭档。"学生健康自我成长课程"就是由北京教育学院学生发展研究中心的研究者与几所项目基地校的教师们合作编写的。大家一起研究、一起学习、一起编写教学用书、一起试教、一起讨论修改。这是一个美好的理论与实践相互促进、从无形（仅有想法）到有形（落实到活动）的过程，是一个共同成长的过程。

站在使用者角度，对教学过程进行了相对完整的设计

本课程的每个单元、每一课时都有清晰的目标，表达明确而且便于操作；活动与目标的对应保证了教学的方向性；指出了难点及突破难点的方法；说明了开展活动要准备的材料并尽可能提供；有从"开课了"到"我学到了"全过程的具体设计，有每个环节如何引导的"说明"；每个课时都提供了相应的理论依据，每册教学用书都提供了参考文献；配合每册教学用书设计了教学用的PPT……。这些都保证了教学用书"拿来就能用"，不仅老师能用，家长也能用。

每册书一个主题，便于集中学习和练功

本课程每册书都有一个主题，让学生在一个学期内完成相对完整的某一方面知识、技能的学习和练功，使学生能够在一学期结束时感受到自己的成长。

本课程每学期共10个课时，前8个课时是系统学习，每周1个课时，连上8周；后2个课时是两个"大功"的练功分享，可以隔3周上一次，间隔期间每周安排一些时间让学生们自己交流练功的情况。练功是成长的基本方式，我们重视学生的练功分享，期待他们在练功中成长！

学习手册是学生自学的参考，也是学生的健康自我成长"秘笈"

学习手册的内容包括学习目标、主要学习内容、课堂练习以及课后练功记录；有生动的插图，也留出空间供学生记录练功情况。随着学习的进行，学习手册将成为学生学习和练功情况的完整记录，也是学生的健康自我成长"秘笈"。

课程设计螺旋式上升，需要坚持长期学习

本课程虽然每册书有一个主题，但核心内容都是围绕对情绪及其背后的自我的理解展开的，有很强的内在联系。因此，对本课程来说，系统学习效果会更好。系统学习和练功需要坚持，教师引导、同伴学习、亲子学习都会给长期坚持提供助力，更重要的动力来自学生在长期坚持学习的过程中所感受到的自身的成长。

以系统思考为基础进行设计

本课程之所以能够形成以上特色，是因为我们经历了对"健康自我成长"的系统思考以及对课程设计和实施的系统思考。我们相信，系统的课程才真的能"拿起来好用"，才能帮助学生形成和发展能力。

感谢和期待

2012年，我们开始在"学生健康自我成长"这一领域进行系统研究，于2014年出版了《理解自我》一书，为后续的课程开发打下了扎实的理论基础。在此基础上，针对当下我国教育实践中学生发展的具体需求与问题分析，通过与实践领域同行的讨论，我们开发了这套"学生健康自我成长课程"。

本课程的开发得到了北京教育学院领导和基地校所在区县领导的大力支持，基地校的校长和参与的老师们也为此付出了艰辛的努力。课程开发成果的整理和出版得到了教育科学出版社的大力支持。在此，我们一并深表感谢！

期待"学生健康自我成长课程"能够让学生受益，让他们获得实实在在的成长和幸福！

本册编者对您说

学生健康自我的发展和快乐成长是我们课程的根本目标。我们的生活离不开社交，儿童的社会交往同样也需要方法。本书围绕着让学生善于交朋友、爱上交朋友这一主题进行编写。

经过"学生健康自我成长课程"第一册《我的情绪辞典》、第二册《我是密码高手》、第三册《我的美好时光》、第四册《我的幸福法宝》的学习，学生锻炼了自己的情绪觉察能力，对自身以及他人的情绪有了初步的判断和理解能力，还感受到了生活中的美好，学习了如何让自己变得更加幸福。在此基础上，本书对学生的社会交往进行了比较详细的介绍，教给学生如何与自己的朋友相处以及在相处中出现矛盾时该如何解决。我们将教给学生交朋友的一些方法及相关知识，从不同角度、不同层次帮助学生了解如何交朋友、如何对待朋友，并进一步引导学生去了解自己与朋友的关系以及朋友间的界限。在课程目标上，我们将让学生感受交朋友的美好，发展学生的健康自我，增强学生的交往能力。

第一单元"我爱交朋友"引导学生觉察自己最喜欢什么样的朋友，并在这个过程中进一步认识自我，同时，让学生体验生活中各种各样的朋友带给自己的快乐和幸福。我们希望学生能拓展朋友交往的类型，同时能够觉察出自己和他人之间反应密码或需要密码的不同，接纳这种不同，并用"你反应＋我反应"或"你需要＋我需要"协调自己和他人的反应密码或需要密码，进而学会交朋友。我们还希望帮助学生体会与反应密码或需要密码不同于自己的人交朋友所带来的新鲜感和自我成长的快乐，让他们最终理解朋友有多种类型，不同类型的朋友给我们带来的快乐是不一样的，在生活中我们需要各种类型的朋友。

第二单元"我们的冲突与回转"目的是让学生认识到朋友之间出现冲突是很正常的，有冲突就要尝试去沟通，这样才能找回美好的友谊。我们希望学生能够理解友谊的冲突陷阱是"我好，你不好"，跳出陷阱使友谊回转的关键是换位思考——从"我"到"你"，从"我好，你不好"到"我好，你也好"。我们还希望学生能学习、理解并练习友谊回转"三步曲"，学会在冲突发生后借助"冲突回放"，体会冲突发生前和朋友在一起的美好，并寻找友谊历史事实，消除疑虑，坚定对朋友的信任，让友谊彻底回来。

第三单元"爱自己与爱朋友"引导学生认识自己的优缺点，接纳自己的全部，敢于在他人面前表达自己真实的需要；引导学生学会协调"你需要"和"我需要"，让学生体验和理解爱朋友要做到包容、尊重和分担，真正给朋友温暖。我们还希望学生能理解爱朋友的"倾听三阶段"，感受倾听的温柔，体会爱朋友就是爱自己。

第四单元"我们的秘密和界限"旨在让学生懂得可以和自己信任的人分享秘密，感受分享秘密是一种幸福；了解当他人向我们分享了秘密时，我们要学会保守秘密，知道保守秘密是一种责任。我们希望让学生明白朋友之间分享秘密时要做到有福同享、有难同当、有错必纠，理解这才是亲密关系，并引导学生明白面对他人分享的秘密，自己要有分析和判断的能力，感觉有可能损害他人的安全和利益时，可以向值得信任的人求助。我们还希望让学生理解最亲密的朋友之间也有界限，懂得尊重界限就是尊重朋友，不随便越过界限闯入朋友的个人世界，也不因好奇而窥探朋友的隐私；引导学生学会尊重界限，感受自由、轻松、愉悦。要让学生理解自我的需要不仅有具体的需要，还有朋友之间互相尊重、包容、分担的需要以及自我独立和自我管理的需要。

第五单元"'大功告成'：我的练功单元"旨在让学生感受冲突解决后的喜悦，并理解爱自己就要敢于在他人面前表达自己真实的需要；让学生明白在生活中要协调"你需要"和"我需要"，当无法协调、只能按照自己的需要做事时，要让对方理解原因并理解"爱自己"的重要性。

本书的单元设置是循序渐进的，老师们在教学中尽量不要跳过某一单元进行授课，同时要注意每节课的活动时间不能太短，要尽可能让学生融入课堂，这样才能得到更全面、更精准的反馈。老师们要注意引导学生通过解决现实问题来巩固所学的内容，重点是让学生掌握解决问题的方法，从而能够很好地将书中的内容运用到日常生活中去。

CONTENTS 目 录

▶ **第一单元　我爱交朋友** / 001

第一课时　我的朋友们　/ 003
第二课时　我会和不一样的人交朋友　/ 014

▶ **第二单元　我们的冲突与回转** / 025

第三课时　友谊小回转　/ 027
第四课时　友谊大回转　/ 040

▶ **第三单元　爱自己与爱朋友** / 049

第五课时　爱自己　/ 051
第六课时　爱朋友　/ 060

▶ **第四单元　我们的秘密和界限** / 071

第七课时　我们之间的秘密　/ 073
第八课时　我们之间的界限　/ 085

▶ **第五单元　"大功告成"：我的练功单元** / 097

第九课时　"友谊小回转"练功分享　/ 099
第十课时　"我想……"练功分享　/ 103

参考文献 / 106

 我会交朋友

单元目标

1. 觉察自己最喜欢什么样的朋友,在这个过程中进一步认识自我。
2. 体验生活中各种各样的朋友带给自己不同的快乐,理解朋友交往的更多类型,并体会朋友多快乐多。
3. 自己和他人的反应密码或需要密码不同时,学会相互理解,相互欣赏,相互接纳。
4. 理解和跟自己不一样的人交朋友能够获得新鲜感和自我成长的快乐。

单元内容结构

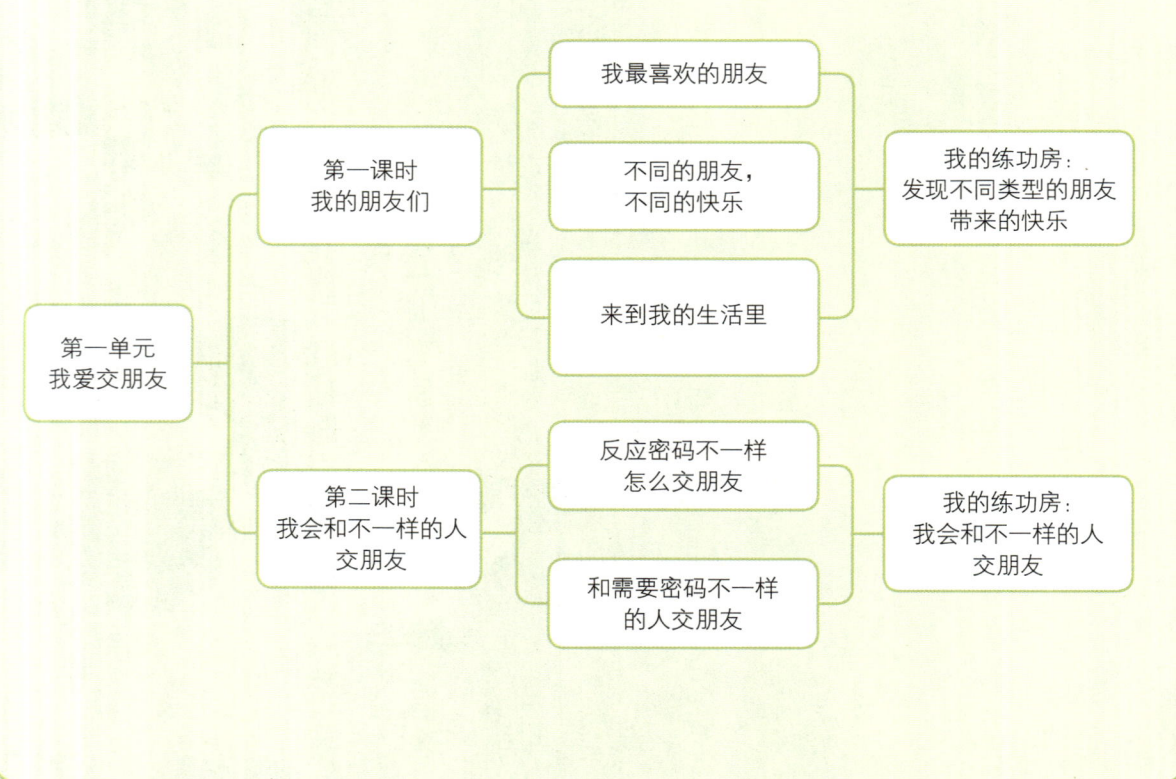

第一课时　我的朋友们

课时目标

1. 觉察自己最喜欢什么样的朋友，在这个过程中进一步认识自我。
2. 体验生活中各种各样的朋友带给自己不同的快乐，理解朋友交往的更多类型，并体会朋友多快乐多。

活动安排

名称		目标	准备	难点
活动一	我最喜欢的朋友	目标1	无	通过觉察自己最喜欢什么样的朋友进一步认识自我
活动二	不同的朋友，不同的快乐	目标2	无	发现更多的朋友类型；感受不同朋友带来的快乐
活动三	来到我的生活里	目标1 目标2	彩笔	联系生活实际，加深对朋友类型的理解，在此基础上进一步认识自我

日常修炼

五级功夫第一招：发现不同类型的朋友带来的快乐。

我会交朋友

理论依据

  人对自我的认识是在与他人互动的过程中实现的。"我的朋友"是"我"的有机组成部分，也是认识自我和发展自我的一个重要途径。也就是说，"我"交什么样的朋友可以投射出内心的"我"是个什么样的人。塞尔曼把一个人友谊的发展分为五个阶段，其中9岁到15岁是第四阶段——亲密的共享阶段。[①] 同时，小学高年级学生人际交往的一个重要特点是交往对象由单一化趋向多元化。由单一的朋友类型发展到多种朋友类型，这意味着自我发展的深入。因此，这个阶段是学生发展友谊和自我拓展的关键时期。学生通过交朋友可以认识自己、发展自己，使其对自我的认识更加丰富、更加全面。

  那么，如何理解多种朋友关系呢？我们认为，健康自我的人际交往能力是以爱和公正为基础的。拥有这种能力的人能够辨别不同的交往环境、理解各种交往关系，能够以信任、公正和包容为价值取向建立礼节型的、合作型的、给予型的公共关系以满足自己的存在需要，以爱和幸福为价值取向发展娱乐型的、亲密型的、挚友型的私人关系以满足自己内心的情感需要。

  根据对公共关系与私人关系的分类、梳理，我们提出六种人际交往关系：礼节关系、娱乐关系、合作关系、给予关系、亲密关系和挚友关系。礼节关系是指交往双方能够有礼貌地进行一般交往，其前提是双方了解交往的基本规则并具有角色意识。例如，当A同学想和B同学说话的时候，看到B同学在和别的同学说话，就要站在旁边等候，不要随意打断他们的交流。娱乐关系是指交往双方能够一起玩耍，不计较对错，前提是他们有共同的兴趣。合作关系是指交往双方能够为了共同的目标而相互配合，前提是他们有共同的目标并且能够合作共赢。给予关系是

[①] 彭小虎，王国锋，朱丹. 儿童发展与教育心理学［M］. 上海：华东师范大学出版社，2014：179-181.

指交往的一方对另一方无私奉献，不计较得失，不讲条件，前提是他心里对他人和社会充满感恩。亲密关系是指交往双方相互依恋，形成默契，前提是他们相互信任、真诚相待、彼此喜欢；挚友关系是指交往双方能够共患难，前提是他们志同道合、相互认同、相互支持。这几种朋友关系可能会相互交叉，也就是说，有时候我们和朋友之间可能既是娱乐关系，又是合作关系，还是亲密关系，但一定有一种关系是最突出的。

一般情况下，朋友关系是从礼节关系开始，在娱乐关系、合作关系、给予关系中发展，最终形成亲密关系和挚友关系。也可以说，娱乐关系、合作关系和给予关系是在实际活动中建立的朋友关系，这些关系是以活动为基础的，因此常常是临时性的。但是，在这些以活动为基础的朋友关系之上，才可能形成亲密关系和挚友关系，而亲密关系和挚友关系不再是临时的，而是长期的，是以情感和志向为纽带的。这六种关系所处的层次不同，但每一种关系在我们的生活中都是非常重要的，不可或缺。

根据以上理论，本节课的目标是让学生理解：朋友是认识自我和发展自我的重要途径；朋友有多种类型，不同类型的朋友给我们带来的快乐是不一样的；在生活中我们需要各种类型的朋友。

开课了（3分钟）

各位同学，大家好！上学期我们学习了《我的幸福法宝》，增长了获得幸福的能力。这个假期你过得开心吗？你定了什么样的幸福目标？实现了吗？哪位同学愿意分享一下你在假期里的练功故事？

【说明】教师可以让学生回忆上学期练功分享课上大家分享的练功故事，唤起学生

 我会交朋友

的记忆和联想。

进入新学期，我们将开始新的学习。请同学们看看你们的新书，"交朋友"这个话题你们一定喜欢吧。现在请你们打开《我会交朋友学习手册》，一起来读读老师写给你们的信。

在日常学习和生活中，你们都有朋友吗？有朋友是什么样的感觉呢？

【说明】让学生自由表达。若有学生提到和朋友在一起感到开心，教师可以引导学生回忆《我的美好时光》中讲到的"和好友在一起的舒畅"；若有学生提到有时会和朋友闹别扭，教师可以引导学生回忆《我的幸福法宝》中讲到的"有情绪才有感觉"。

看来，有朋友的感觉还真是丰富呀！下面，我们进入今天的第一个活动：我最喜欢的朋友。

活动一　我最喜欢的朋友（13分钟）

1　情景故事

请同学们带着思考去聆听故事①，同时想一想：故事中的小天、小曼、小美、小早、小新、小雨六个人，你喜欢谁？为什么？

朋友多，快乐多

学校组织开展外出实践活动，带学生到植物园参观游览。老师要求同学们以小组为单位进行参观和记录。小天、小曼、小美、小早、小新和小雨被编为一组，大家都特别高兴。

小天非常喜欢植物，一会儿摸摸花，一会儿拍拍照，一会儿又去看看别的同学

---

① 也可以请几个学生表演这个故事，让大家在观看表演时体会、思考。

在做什么。他跑到也喜欢拍照的小雨那儿,看到小雨正趴在地上举着相机找角度。小天也趴下去,惊讶地喊:"这个角度能拍出花朵背面的小刺!小雨,你看看我这个。"小雨听了得意地说:"那是。"然后迅速趴到小天旁边,喊道:"你这个也不赖,你从侧面拍照,能看到整朵花的特写。"说完,两人变换着姿势,兴高采烈地谈论起不同姿势下拍出的作品。

小曼边参观边认真做记录。看到不认识的花,她就用笔抄下标牌上的介绍,再用手机查找相关资料,学得津津有味。小美也和小曼一样边参观边学习。她们两人在一簇花前碰到了一起,就共同观察起来,还互相交换了手里的资料。因为都喜欢蔷薇科的植物,她们热烈地讨论起来。

谈到最喜欢的花,两人激动得手舞足蹈;遇到不懂的地方,她们就一起查找资料。小美信任小曼,小曼欣赏小美懂得多。能一起参观、讨论,她们都觉得很开心。

小早和小新并肩走着,一边参观一边小声说着话,还互相把好吃的分给对方。两人边走边聊,一会儿哈哈大笑,一会儿

又窃窃私语,好像有说不完的话。

一旁的小雨正费力地记录着,还不时抬头看看资料,一脸的着急。小新和小早看到了,就主动过去询问。小雨说:"这么多植物,这么多信息,怎么才能都记录下来呀?一个人根本完不成,真着急!"小新和小早异口同声地说:"别急,咱们可以共同完成。"说完,小早用手扶着说

名牌,小新照着念起来。听着小新清晰的声音,小雨不那么着急了,快速而认真地做起了记录,很快就写完了。看着共同努力的成果,三人高兴地击掌庆贺。

小雨默默地将刚才记录的内容进行了分类整理,并贴上了不同的标签。大家集合的时候,她将整理后的资料分享给了同组的伙伴们。伙伴们都惊呆了:"整理得太全面了!""太棒了!"大家赞不绝口。

这时,小天热情地招呼大家:"咱们一起坐坐,休息一下,吃点好吃的吧。"说完,小天就从包里拿出自己带的零食和大家分享。伙伴们一边道谢,一边也都从自己的包里拿出各种吃的、喝的,还有参观完要上交的观察记录,说着,笑着,交流着……

2 讨论

（1）故事中的人物，你喜欢谁？他（她）带给你什么样的感受？

故事里我喜欢的人物	我喜欢的人物带给我的感受

【说明】当学生说出自己喜欢的人物时，也会说出喜欢的原因，比如他（她）爱帮助人、热情等。教师需要追问：当你觉得他爱帮助人的时候，他带给你一种什么样的感受呢？引导学生注重心理感受，而不是只聚焦在喜欢的原因上。

（2）和故事中你喜欢的人物交朋友会带给你什么样的感受？

【说明】教师通过引领，让学生在分享感受的过程中慢慢觉察自己内心需要什么样的朋友。

（3）在这个故事中，你觉得哪个人物和你自己比较像？你喜欢的人物是和自己像的还是和自己不像的？

【说明】可能大多数学生喜欢和自己比较像的人物，但也有学生会喜欢和自己不像的人物，这些都投射出他们内心的自我意识。通过这个问题能让学生更好地认识自己、了解自己。我们可以在觉察朋友与我们自己"相似"或者"互补"的过程中认识自我。

3 活动小结

（1）我发现我喜欢和＿＿＿＿＿＿的人交朋友（横线处请学生补充）。

（2）有的朋友和我相似，有的朋友和我互补。

（3）各种各样的朋友带给我不同的感受，朋友多快乐多。

活动二 不同的朋友，不同的快乐（18分钟）

同学们，刚才我们分享了故事中自己喜欢的人物，也找到了性格和自己相似

我会交朋友

或者互补的人物。再次回到这个故事中,你有没有发现其实朋友是分多种类型的,不同类型的朋友给我们带来的快乐也不太一样。朋友都有哪些类型?各种类型的朋友会给我们带来什么样的快乐?我们一起来看一看。

1 朋友类型初体验

【说明】不同类型的朋友带来不同的快乐。(1)挚友型:相互认同、互相支持和信任的快乐。(2)合作型:互相配合,互相学习,共同努力的快乐,结交新朋友的快乐。(3)娱乐型:玩得畅快带来的快乐。(4)亲密型:陪伴的快乐,亲密的快乐,默契的快乐。(5)礼节型:被尊重或者相互尊重的快乐,舒服的感觉。(6)给予型:接受帮助,感受温暖的快乐。

六种朋友类型	生活中的理解	故事中的例子	这类朋友带来的不同的美好	我的朋友的例子
挚友型朋友	志同道合,互相认同,能够共患难的朋友	小曼和小美。两人志趣相投,都喜欢蔷薇科植物,赞同对方的观点和想法	默契	
合作型朋友	为了共同的目标而互相配合的朋友	小雨、小新和小早。他们互相帮助、分工合作,共同完成记录任务	安心	
娱乐型朋友	有共同兴趣,可以一起玩耍的朋友	小天和小雨。他们都喜欢摄影,一起讨论,分享感兴趣的话题	放松	
亲密型朋友	相互喜欢、相互信任、真诚相待、彼此默契的朋友	小早和小新。他们肩并肩走着,有时窃窃私语,有说不完的话	亲密	
礼节型朋友	有角色意识和规则意识,能够有礼貌地进行一般性交往的朋友	小天。他对同伴热情,乐于分享,有礼貌地与同伴进行交流	尊重	
给予型朋友	能够提供无私的帮助,不计较得失的朋友	小雨。她把自己整理的资料分享给小组同伴	温暖	

【说明】教师可以将学生分为六组，每组学生讨论朋友的一种类型。上表中，"这类朋友带来的快乐"这一列的内容仅供教师参考，在课堂上，教师可以引导学生进行讨论，将学生真实的体验填写在表格中。

2 活动小结

（1）生活中的朋友关系有很多种类型，我们的朋友关系是不断发展的。

（2）不同类型的朋友会给我们带来不一样的幸福和快乐，因此，各种类型的朋友可以丰富我们的情感世界。

（3）对朋友的选择和各种类型的朋友会让我们更进一步认识自己；我们自己也会成为他人不同类型的朋友。

活动三　来到我的生活里（2分钟）

同学们，通过上面的学习，请根据你的实际情况回答下列问题，总结自己的朋友类型。

（1）我发现自己喜欢的朋友是 _____ 。

A. 挚友型朋友　　　　B. 合作型朋友　　　　C. 娱乐型朋友

D. 亲密型朋友　　　　E. 礼节型朋友　　　　F. 给予型朋友

（2）我发现自己的朋友大多属于 _____ 。

A. 挚友型朋友　　　　B. 合作型朋友　　　　C. 娱乐型朋友

D. 亲密型朋友　　　　E. 礼节型朋友　　　　F. 给予型朋友

（3）我发现自己还可以拓展 _____ 。

A. 挚友型朋友　　　　B. 合作型朋友　　　　C. 娱乐型朋友

D. 亲密型朋友　　　　E. 礼节型朋友　　　　F. 给予型朋友

（4）我觉得礼节在朋友交往中_____。

A. 重要　　　　　　　　B. 不重要

（5）除了这六种类型的朋友外，还可能有其他类型的朋友，如_____。

（6）我发现自己一般会成为他人的_____型朋友，我还可以成为他人的_____型朋友。

我学到了（2分钟）

（1）有的朋友和我相似，有的朋友和我互补。

（2）各种各样的朋友带给我不同的感受，朋友多快乐多。

（3）不同类型的朋友会给我们带来不一样的幸福和快乐，因此，各种类型的朋友可以丰富我们的情感世界。

（4）对朋友的选择和各种类型的朋友会让我们更进一步认识自己。

我的练功房（2分钟）

五级功夫第一招：发现不同类型的朋友带来的快乐。

1　练功目的

觉察不同类型的朋友，体验和各种朋友在一起时不同的快乐。

2　练功要领

（1）觉察自己各种类型的朋友。

（2）感受不同类型的朋友带来的快乐。

讲述美好的觉察小故事，通过故事来体现不同类型的朋友给自己带来的快乐：可以讲述自己和好朋友交往的瞬间，也可以讲述自己最喜欢的朋友，还可以讲述自己希望有什么样的朋友。

发现不同类型的朋友带来的快乐

朋友类型	我觉察到的朋友	事件	快乐感觉
挚友型朋友			
合作型朋友			
娱乐型朋友			
亲密型朋友			
礼节型朋友			
给予型朋友			

【说明】请学生通过讲述一个或多个小故事的方式来觉察不同类型的朋友给自己带来的快乐。

第二课时 我会和不一样的人交朋友

课时目标

1. 自己和他人的反应密码或需要密码不同时，学会相互理解、相互欣赏、相互接纳。
2. 理解和跟自己不一样的人交朋友能够获得新鲜感和自我成长的快乐。

活动安排

名称	目标	准备	难点
活动一 反应密码不一样怎么交朋友	目标1 目标2	无	觉察自己和同伴之间反应密码的不同并接纳这种不同
活动二 和需要密码不一样的人交朋友	目标1 目标2	无	觉察自己和同伴之间不同的需要密码带来的新鲜感

日常修炼

五级功夫第二招：我会和不一样的人交朋友。

理论依据

在人际交往过程中，我们直接看到的是人的行为、情绪等外在表现，而左右这些外在表现的是每个人内心的需要和由个体的气质类型以及经验决定的反应模式，我们将其分别称为自我的需要密码和反应密码。这两个密码是"学生健康自我成长课程"第二册《我是密码高手》的核心内容，并在之后不断渗透在该丛书的各册书中。

需要密码指的是情绪和行为背后对应的特定需要；反应密码在我们之前学过的内容中主要指的是情绪的正负向、强弱和持续度，即每个人的情绪反应模式。在后面的学习中，我们将不断引导学生加深对这两个密码的理解。从本册书的教学开始，反应密码的概念将从情绪反应模式拓展到内涵更为广阔的反应模式。例如，本课时中"急性子"和"慢性子"的不同就不仅仅是情绪强弱和持续度的不同，还包括有些慢性子重视秩序感而急性子重视效率感。我们所说的反应密码就是反应模式、应对方式，也与平时所说的习惯、性格接近，将其称为反应密码是为了让小学生觉得更有意思，更有探索的愿望。我们期待学生通过认识自己的需要密码和反应密码以及理解他人的需要密码和反应密码，形成健康自我发展的能力，获得幸福。

本节课在需要密码和反应密码的基础上，有两处螺旋式上升。一是引导学生体会和跟自己不同的人交朋友会给自己带来新的快乐，那就是由新鲜感带来的快乐和自我成长的快乐，从而理解自我成长需要拓展自己的朋友类型。如果总是和跟自己很像的人交往，自己的反应密码就会比较单一，甚至偏激，不够丰富和灵活。二是要进一步培养学生对不同人的需要密码和反应密码的觉察能力、接纳能力以及对自己的需要密码和反应密码的协调能力。

我会交朋友

开课了（5分钟）

我还记得

各位同学，大家好！你们还记得上节课学习的主题是什么吗？你们学到了什么？

【说明】教师尽量让学生自己回忆，最后出示上节课"我学到了"中的内容即可。

主题：我的朋友们

（1）有的朋友和我相似，有的朋友和我互补。

（2）各种各样的朋友带给我不同的感受，朋友多快乐多。

（3）不同类型的朋友会给我们带来不一样的幸福和快乐，因此，各种类型的朋友可以丰富我们的情感世界。

（4）对朋友的选择和各种类型的朋友会让我们更进一步认识自己。

我爱交朋友

练功分享

五级功夫第一招"发现各种类型的朋友带来的快乐"你练得怎么样？和我们分享一下你的练功故事吧！

【说明】引导学生通过分享自己的练功故事，说昕自己最喜欢什么类型的朋友以及想要结交什么类型的朋友。教师要注意倾听学生对人物关系的描述是否符合其想要说明的朋友类型，如有不妥之处，及时予以指正。

导入新话题

同学们，上节课我们发现了不同类型的朋友会给我们带来不同的快乐。我们常常喜欢和跟自己相像的人交朋友，要想更好地发展自我，我们还需要交更多的朋友，要学会和不同的人交朋友。今天，我们就来研究一下怎样和不同的人交朋友。

活动一　反应密码不一样怎么交朋友（18分钟）

1 情景故事

急性子与慢性子

下课了，壮壮飞快地跑到小天的座位旁，兴奋地拽着小天的衣角说："快走，快走！去跟我下一盘棋！"小天却不慌不忙地整理着学具袋。"你怎么回事呀？磨磨

 我会交朋友

蹭蹭的！"壮壮埋怨道。"着什么急嘛，等我收拾完了就陪你下棋。"小天一边说，一边继续整理。壮壮有点生气了，怒目圆睁，冲小天嚷道："你这么慢，等你收拾完，黄花菜都凉了！你再磨磨蹭蹭的，我就不等你了！"小天噘着嘴回答道："不等就不等，谁要你等了呀？"壮壮听了，气愤地扬长而去，嘴里嘟囔着："我就没见过你这么磨叽的人！"

2 讨论

（1）壮壮为什么会生气？小天理解壮壮的生气吗？

【说明】让壮壮生气的是什么呢？是小天磨叽、耽误时间。小天理解壮壮的生气吗？答案显然是不理解，他不理解壮壮为什么这么着急。为什么不理解？因为他平时做事都比较慢，也能把事做好。这里，需要让学生深入理解以下几点。第一，壮壮是个急性子的人，想起来要干什么就会立即行动，而小天是慢性子，习惯把手头的事情先办完再去做下一件事。他们两人一个快一个慢，反应密码不同，生活节奏不同，平时各自按照自己的节奏做事没有问题，遇到一起就容易起冲突。第二，壮壮可能平时都是和急性子的人交往，很少和这种慢性子的人交往，所以会着急、生气；同时，小天可能平时也很少和急性子的人交朋友，所以导致二人互不理解。在故事中，壮壮想要利用课间下一盘棋，这是一个速度要快才能完成的事情，但小天不理解这种节奏，觉得整理完学具再去下棋也来得及，因此，他们之间产生了矛盾。

（2）壮壮和小天有可能成为朋友吗？为什么？

【说明】这里主要让学生有一个简单的猜测，只需要他们回答"可能"或者"不可能"，再简单说一下理由就可以了。初步讨论这个问题的主要目的是让学生看到自己对"朋友"的认识。

（3）如果壮壮继续保持急性子，小天继续保持慢性子，他们的交往会是什么样的？

【说明】如果壮壮继续保持急性子，小天继续保持慢性子，他们在交往中很可能会

不断产生矛盾。教师要让学生认识到,在生活中应接纳和包容不同性格的人;不同性格的人在相处的过程中,应该在了解彼此需要的前提下互相协调,达成共识。

(4)壮壮和小天怎么做才能避免矛盾?

【说明】可以让学生分组讨论,每个组选一个人物集中讨论,然后全班交流。

当壮壮看到小天做事慢条斯理的时候,就应该觉察到小天的反应密码和自己的不一样。如果壮壮想马上下棋,他就要找一个也是急性子的同学,或者协调自己和小天的反应密码,耐心地和小天解释:"小天,你能稍微快点儿吗?要不就来不及了。"

反过来,小天看到壮壮着急的样子,也应该觉察到壮壮的反应密码和自己的不一样。如果小天想去和壮壮下棋,想和壮壮成为好朋友,他就要快点儿完成自己的整理工作,先大致整理一下,等有时间再仔细整理。

同学们,你们想知道壮壮和小天之间后来又发生了什么事吗?我们继续看下面的故事。

3 情景故事

急性子和慢性子(续)

过了几天,一节美术课前,同学们都准备好了书本和画具,等着老师来上课。壮壮坐在自己的座位上,一边着急地在桌斗里翻来翻去,一边喃喃自语:"我的黄色彩笔呢?刚才还在这儿呢!"小天看到壮壮火急火燎、抓耳挠腮的样子,赶紧走过去,将自己备用的黄色彩笔递给了他,轻声说:"给你用吧,以后不要丢三落四了,物归原处就不会找不到呀!"壮壮看了看小天,难为情地笑了,小天也笑了。

4 讨论

（1）在这个故事里，小天和壮壮有什么变化？

【说明】有的学生可能会发现小天有变化：他没有"记仇"，看到壮壮遇到麻烦，赶紧走过去，主动沟通，帮壮壮解决了问题，而且和壮壮交流急性子的人要注意什么。有的学生也许能体会到壮壮开始感受到小天给自己带来的快乐了，并欣赏小天慢性子的优点了。有些急性的人更侧重于效率感，有些慢性子的人更侧重于秩序感。教师可从小天的"赶紧走过去"和嘱咐的话里引导学生觉察小天在主动协调。

（2）小天和壮壮为什么会有这样的变化？这样的变化给他们带来了什么感受？

【说明】要引导学生注意：小天已经开始协调自己和壮壮的反应密码了，也就是"你反应＋我反应"，而壮壮从慢性子的小天做事有条不紊、井然有序中感受到了舒适，获得了益处，也开始理解慢性子的人给自己带来的快乐了。学生可能会说到慢性子的小天对壮壮的帮助以及给壮壮带来的好处，教师还是要把学生引导到"快乐"的体验上。

（3）反应密码相同的人交朋友会得到什么样的快乐？反应密码不同的人交朋友，又会得到什么样的快乐？

【说明】反应密码相同的人交朋友，他们会一拍即合，玩起来也会比较尽兴。反应密码不同的人交朋友，他们之间会相互理解，相互欣赏。他们之间的互补会给彼此带来新鲜感，这种新鲜感会让人感到快乐，在协调彼此反应密码的过程中，他们也会得到自我成长的快乐。

（4）在你的生活中，有过和反应密码不同的人交朋友的经历吗？

【说明】教师引导学生结合生活经历分享自己在交朋友过程中的独特体验和感受，并在尊重学生当下感受的情况下，启发学生思考和跟自己不一样的人交朋友的益处。

5 活动小结

（1）交朋友的秘诀之一：先觉察自己和对方的反应密码是否相同，如果不同，要接纳这种不同，要学会相互理解，相互欣赏，并通过"你反应＋我反应"进行协调。

（2）和跟自己不一样的人交朋友会给人带来新鲜感，这种新鲜感会让人感到快乐，在协调彼此反应密码的过程中也能让人感受到自我成长的快乐。

活动二　和需要密码不一样的人交朋友（13分钟）

同学们，你们还记得《我是密码高手》一书里提出的两个友谊密码吗？除了反应密码，还有什么密码？对，还有非常重要的需要密码。

1 情景故事

听　音　乐

放学后，小新到小早家做客。做作业时，他们被一道数学题难住了，绞尽脑汁也想不出来。看着小早紧锁的眉头，小新说："我们听音乐放松一下吧。""好呀，我最爱听音乐了！"小早觉得这是个好主意，马上播放了一首自己百听不厌、让人热血沸腾的摇滚乐。当激情昂扬的音乐响起时，小早兴致勃勃地跟着音乐手舞足蹈，完全沉浸其中。小新从小就练得一手好钢琴，尤其擅长弹肖邦和莫扎特的曲子，对摇滚乐却没什么兴趣。听到"闹哄哄"的摇滚乐，他皱起眉头、堵住耳朵，厌烦地说："好了，别放了，太吵了！我要听舒缓的钢琴曲。"小新这突如其来的反应让小早瞠目结舌。小早不解地说："这首歌多好听啊，它可是我的最爱！钢琴曲让人昏昏欲睡，有什么好听的，不如听这个呢。"……随着两人的争执，小新和小早刚刚因为放松而绽放的笑脸又匆匆地消失了。

我会交朋友

2 讨论

（1）小新和小早之间的不同是什么不同？

【说明】教师可以启发学生：他们之间既有需要密码的不同，又有反应密码的不同。

（2）小新和小早觉察到他们之间的不同了吗？他们接纳这种不同了吗？

【说明】先请两名学生说说他们的看法，然后顺着他们的回答引导学生思考以下内容：显然，两人感觉到了他们之间的不同，但他们没有接纳这种不同，如小新的"厌烦"和小早的"瞠目结舌""不解"等。那怎么才能让他们从内心接纳这种不同呢？小新和小早都要想一想，对方喜欢的曲子自己不喜欢，可能只是因为自己听得少、不习惯，对方那么喜欢听，一定有喜欢的理由，自己也可以尝试听听。

（3）觉察和接纳了彼此的不同之后，小新和小早可以怎样协调两人的需要呢？

【说明】教师可以先让学生自由发言，然后顺着学生的发言加以引导。例如，小早可以和小新说："咱们先听我爱听的摇滚乐，一会儿再听你爱听的钢琴曲，一起分享好吗？"在听让人热血沸腾的摇滚乐时，小早可以把声音开小点，然后和小新解释她为什么喜欢这首歌。在放小新喜欢的钢琴曲时，小早也要认真听小新讲解，并试着去理解他为什么喜欢古典音乐。其实，不仅舒缓悠扬的古典音乐可以让人身心愉悦、放松，摇滚乐强烈的律动感、金属碰撞出的声音不断刺激着我们的感官，也可以让我们紧绷的神经得到放松。如果学生从礼节的角度谈这个问题，教师可以引导学生理解：从礼节上来讲，小早作为主人应该谦让客人，但是如果两个人要成为亲密的朋友，仅有礼节是不够的，还要体察和协调彼此的需要。

（4）"你需要＋我需要"的调整会给人带来什么样的快乐和收获？

【说明】就像反应密码不同的人交朋友一样，需要密码不同的人交朋友也会给彼此带来新鲜感，这种新鲜感会让人感到快乐，在协调不同需要密码的过程中也会让人感受到自我成长的快乐。

3 活动小结

（1）交朋友的秘诀之二：先觉察自己和对方的需要密码是否相同，如果不同，要学会相互理解、相互欣赏、相互接纳。

（2）跟需要密码与自己相同或者不同的人交朋友，会给我们带来不同的快乐。

我学到了（2分钟）

（1）我和朋友的反应密码和需要密码可能相同，也常常会不同。

（2）跟反应密码或需要密码不同于自己的人交朋友会给我们带来新鲜感，这种新鲜感会让我们感到快乐，在协调彼此反应密码或需要密码的过程中，我们也能感受到自我成长的快乐。

（3）交朋友的秘诀：首先要觉察自己和对方的反应密码或者需要密码是否相同，如果不同，要学会相互理解、相互欣赏、相互接纳。

（4）记住反应密码和需要密码，我就会和跟我不一样的人交朋友了。

我的练功房（2分钟）

五级功夫第二招：我会和不一样的人交朋友。

1 练功目的

用课上学到的交友秘诀去交一个和自己不太一样的朋友，在这个过程中感受快乐、发展自我。

2 练功要领

（1）觉察自己和朋友之间反应密码或者需要密码的不同，并且接纳这种不同。

（2）通过"你反应＋我反应"或者"你需要＋我需要"主动协调自己和朋友之间的不同。

（3）体会和反应密码或需要密码不同于自己的人交朋友给我们带来的新鲜感和自我成长的快乐。

我会交朋友

我会和不一样的人交朋友

名字	我们成为朋友的故事	反应密码/需要密码	结交新朋友给我带来的快乐
（我）			
（伙伴）			

第二单元
我们的冲突与回转

我会交朋友

单元目标

1. 认识到朋友之间出现冲突是很正常的，有冲突就要尝试去沟通，这样才能找回美好的友谊。

2. 理解友谊的冲突陷阱是"我好，你不好"，跳出冲突陷阱使友谊回转的关键是换位思考——从"我"到"你"，从"我好，你不好"到"我好，你也好"。

3. 理解并学会运用友谊回转"三步曲"。

4. 学会借助"冲突回放"，运用美好回忆法体会冲突发生前和朋友在一起的美好，珍惜友谊。

5. 能够回忆和朋友在一起的美好时光，寻找友谊历史事实，消除疑虑，坚定对朋友的信任，让友谊彻底回来。

单元内容结构

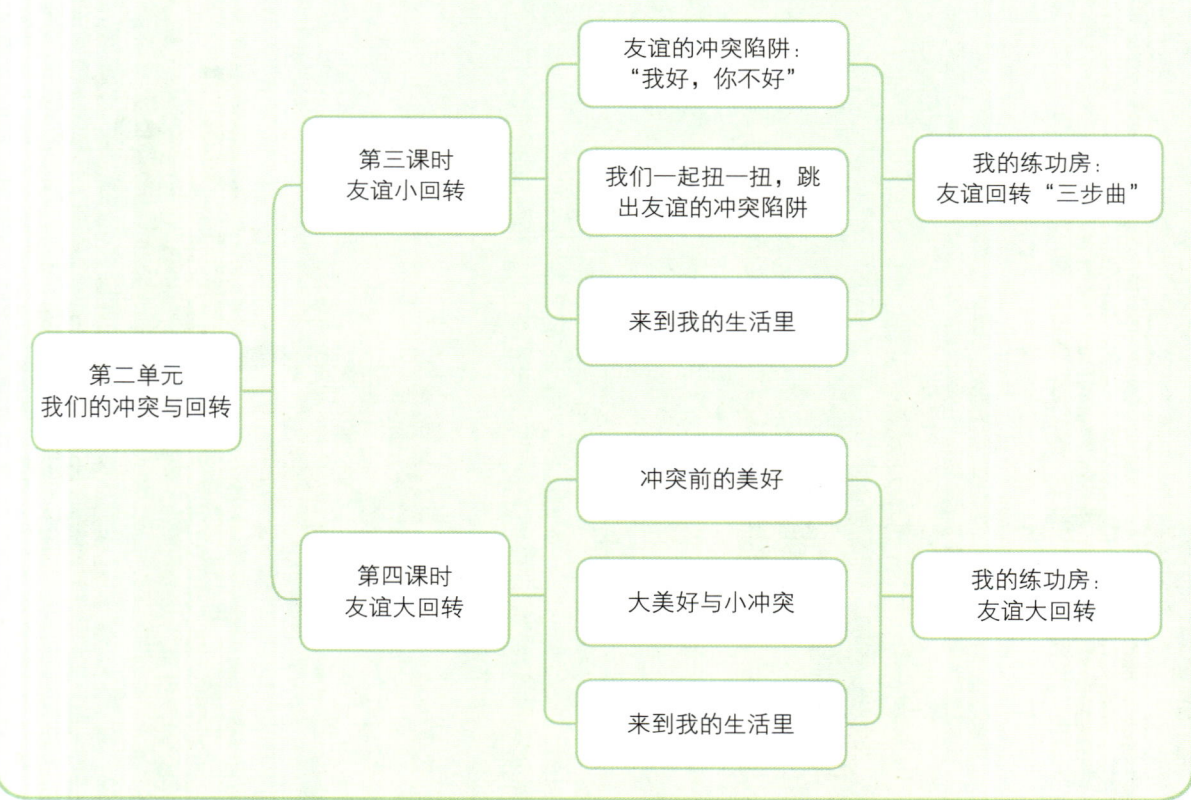

第三课时 友谊小回转

课时目标

1. 认识到朋友之间出现冲突是很正常的，有冲突就要尝试去沟通，这样才能找回美好的友谊。
2. 理解友谊的冲突陷阱是"我好，你不好"，跳出冲突陷阱使友谊回转的关键是换位思考——从"我"到"你"，从"我好，你不好"到"我好，你也好"，并主动询问"你怎么了"。
3. 理解并学会运用友谊回转"三步曲"。

活动安排

名称	目标	准备	难点
活动一 友谊的冲突陷阱："我好，你不好"	目标1 目标2	朋友间的冲突故事	理解友谊的冲突陷阱是"我好，你不好"
活动二 我们一起扭一扭，跳出友谊的冲突陷阱	目标1 目标2	无	（1）理解"沟通"的重要性； （2）理解觉察自己和对方的情绪并询问对方"你怎么了"是实现从"我"到"你"的转变，最终形成"我好，你也好"，即跳出友谊的冲突陷阱的关键； （3）理解友谊回转"三步曲"
活动三 来到我的生活里	目标3	无	理解并练习应用友谊回转"三步曲"

我会交朋友

日 常 修 炼

五级功夫第三招：友谊回转"三步曲"。

理 论 依 据

沟通分析理论把人际交往中人们可能采取的心理地位分成以下四种：(1) 我不好—你好；(2) 我不好—你不好；(3) 我好—你不好；(4) 我好—你好。[1]

发生人际冲突的时候，冲突双方往往都会持有"我好，你不好"的态度。皮亚杰曾提出的"自我中心思维"和"我向思维"也体现了这一点。

沟通分析理论将"沟通"作为社会交往的基本单元，认为只有通过沟通，人际关系才能发生和发展。同样，冲突的化解也要通过沟通。

那么，有效沟通的策略是什么呢？是换位思考，就是双方都从"我"转向"你"。这个"转"的过程，我们形象地称之为"我们一起扭一扭"。在友谊回转"三步曲"中，双方都要先通过"同理"接纳对方，再表达自己的想法，然后通过沟通的方式"一起扭一扭"，跳出友谊的冲突陷阱，找回友谊。只有换位思考，才能产生同理心，通过"同理"达到相互理解，才能从"我好，你不好"转变为"我好，你也好"，最终化解冲突，找回友谊。

本课时的内容是在《我的幸福法宝》第八课时"扭一扭，幸福自然来"的基础上的螺旋式上升：(1) 让学生理解友谊中出现冲突的普遍性；(2) 让学生理解导致冲突的根本原因是"我好，你不好"的想法；(3) 让学生理解主动沟通的重要性；(4) 让学生明白友谊回转的关键是从"我"到"你"的转变，从"我好，你不好"到"我好，你也好"。

---

[1] HARRIS T A. 沟通分析的理论与实务：改善我们的人际关系 [M]. 林丹华，周司丽，译. 北京：中国轻工业出版社，2013：40.

开课了(5分钟)

我还记得

各位同学,大家好!你还记得上节课学习的主题是什么吗?我们都学到了什么?

【说明】教师尽量让学生自己回忆,最后出示上节课"我学到了"中的内容即可。

主题:我会和不一样的人交朋友

(1)我和朋友的反应密码和需要密码可能相同,也常常会不同。

(2)跟反应密码或需要密码不同于自己的人交朋友会给我们带来新鲜感,这种新鲜感会让我们感到快乐,在协调彼此反应密码或需要密码的过程中,我们也能感受到自我成长的快乐。

(3)交朋友的秘诀:首先要觉察自己和对方的反应密码或者需要密码是否相同,如果不同,要学会相互理解、相互欣赏、相互接纳。

(4)记住反应密码和需要密码,我就会和跟我不一样的人交朋友了。

我会交朋友

练功分享

五级功夫第二招"我会和不一样的人交朋友"你练得怎么样?说一说你的练功故事吧。

【说明】要引导学生学会根据练功目的和练功要领评价自己的练功情况。

导入新话题

上节课我们学习了怎样和不一样的人交朋友。其实,不论是和跟自己相似的人交朋友,还是和跟自己不同的人交朋友,朋友之间都可能发生冲突。请你回忆一下,你和你的朋友之间有没有发生过冲突?

【说明】大多数学生都曾经遇到过朋友间的冲突,也可能有少数学生和自己的某些朋友没有发生过冲突,这多半是因为他们交往时间不长。这个环节主要是让学生感受冲突的普遍性。

和朋友之间发生冲突该怎么办呢?友谊还能挽回吗?让我们一起进入故事来寻找答案吧。

我们的冲突与回转

活动一　友谊的冲突陷阱："我好，你不好"（10分钟）

1　情景故事

我好，你不好

小天和壮壮是非常要好的朋友，不管是玩耍，还是学习，两人总在一起。

小天过生日时，妈妈送给他一套他最爱的汽车模型。小天每天放学回家都会拿出这套汽车模型玩一会儿，爱不释手。周末，小天和壮壮相约一起出去玩，小天带上了这套汽车模型，和壮壮一起玩。壮壮非常羡慕小天，一次又一次地表示自己很喜欢其中的红色小汽车，还抱着那辆小汽车不撒手。小天看壮壮这么喜欢红色小汽车，当时又玩得高兴，于是大手一挥，说："你喜欢就送给你吧！"壮壮一听，乐得一蹦三尺高，连声道谢。

可没过两天，在一个大课间，小天急匆匆地跑到壮壮跟前，拉着他说："那辆红色小汽车你得还给我！"壮壮听了，满脸的不可思议。他连忙攥紧了口袋里的汽车模型，不高兴地说："你都把它送给我了，怎么能再要回去呢？没见过你这样的人！"小天一听壮壮不愿意把红色小汽车还给他，还指责他，火气一下就

我会交朋友

上来了,指着壮壮大声喊道:"那是我给你的东西,本来就是我的,你必须还给我!""现在它已经是我的了,我就不给你!"壮壮也不示弱。就这样,两人你一言我一语地吵了起来。

2 讨论

(1)在故事的最后,小天和壮壮两人分别是什么情绪,为什么会有这种情绪,从他们的情绪和行为中你感受到了什么?

【说明】建议老师从语言上的"大爆炸词语"和行为上的对立两方面,引导学生理解观念上的对立就是"我好,你不好。"在回答"为什么会有这种情绪"的时候,学生可能会将冲突产生的过程重复一遍,也就是在事实层面进行描述。我们允许一次重复,但需要引导学生体会:这样的重复只是在对事件进行描述,要解决冲突就需要对冲突有更深入的理解。这时,

教师可以问学生"他们的情绪体现在哪些语言上",学生在思考这个问题的过程中,很容易就能发现小天和壮壮的争执中有"大爆炸词语"。教师要肯定学生的发现,然后问学生:"从他们的语言和表情中你还能感受到什么?"从而引出:他们都认为自己是对的,而对方是错的——小天认为他要回自己的红色小汽车是对的,壮壮不还给他是不对的,也就是觉得"我好,你不好";同时,壮壮认为自己不还红色小汽车是对的,小天想把它

要回去是不对的，也觉得"我好，你不好"。

（2）如果小天和壮壮两人都坚持"我好，你不好"的想法，他们的冲突能解决吗？为什么？

【说明】他们这样肯定不能解决冲突。教师要尽量引导学生答出：如果他们都坚持认为"我好，你不好"，就会觉得对方无理取闹，从而不愿意和对方交流，在行动上或者采取强制做法，或者什么都不做了。

（3）如果小天和壮壮都不理对方了，他们的冲突能解决吗？怎样才能解决冲突呢？

【说明】尽可能让学生自己提出：小天和壮壮需要沟通和交流。

3 活动小结

"我好，你不好"的想法是友谊的冲突陷阱。

活动二　我们一起扭一扭，跳出友谊的冲突陷阱（15分钟）

同学们，面对小天和壮壮这种情况，要怎么沟通呢？

1 友谊回转"三步曲"

我们可以通过友谊回转"三步曲"跳出友谊的冲突陷阱，找回友谊。

第一步：我来扭一扭 （觉察情绪，主动询问）	第二步：你说我听 （你怎么了）	第三步：我说你听 （我怎么了）
回转目的：从"我" 　　　　转向"你"	回转目的：耐心听并 　　　　理解对方怎么了	回转目的：好好告诉 　　　　对方自己怎么了
回转要领（小三步）： (1) 觉察自己的情绪并调整 (2) 觉察对方的情绪 (3) 主动询问对方：你怎么了？	回转要领（小三步）： (1) 听对方描述他看到了"我"的什么行为 (2) 听对方描述这种行为造成的后果 (3) 听对方表达他的内心感受	回转要领（小三步）： (1) 具体描述对方的行为 (2) 描述对方的行为造成的后果 (3) 表达自己的内心感受

我会交朋友

【说明】教师可以让学生分组讨论，2人为一组，分别扮演小天和壮壮，通过角色扮演体会耐心倾听和主动表达对于解决冲突的重要性。要让学生体会在沟通中想要问出"你怎么了"这句话是艰难的，之所以艰难在于要觉察自己和他人的情绪，也要让他们询问对方听到这句话后的感受。从而明白问出这句话后，对方会感受到温暖。

2 我们一起扭一扭

小天和壮壮可以利用友谊回转"三步曲"，一起扭一扭，跳出友谊的冲突陷阱。我们先来练一练小天的友谊回转"三步曲"。

第一步：我来扭一扭（觉察情绪，主动询问）	第二步：你说我听（你怎么了）	第三步：我说你听（我怎么了）
小天从"我"转向"你"： (1) 突然意识到自己的情绪有些激动，于是让自己安静下来 (2) 看到壮壮是愤怒和委屈的 (3) 主动问壮壮：你怎么了？	小天耐心听壮壮说他怎么了。壮壮说： (1) 你把送给我的东西又要回去 (2) 你这样出尔反尔会破坏我们之间的信任 (3) 所以我特别生气（感受）	小天对壮壮说自己怎么了： (1) 你就是不把红色小汽车还给我 (2) 这套汽车模型是妈妈送我的生日礼物，而且是她费了好大劲才买到的，如果她发现我随便就把其中一辆小汽车送给别人了，肯定会生气的 (3) 所以我很着急（感受）

我们再一起练练壮壮的友谊回转"三步曲"。

第一步：我来扭一扭（觉察情绪，主动询问）	第二步：你说我听（你怎么了）	第三步：我说你听（我怎么了）
壮壮从"我"转向"你"： (1) 突然意识到自己的情绪有些激动，于是让自己安静下来 (2) 看到小天是愤怒和着急的 (3) 主动问小天：你怎么了？	壮壮耐心听小天说他怎么了。小天说： (1) 你就是不把红色小汽车还给我 (2) 这套汽车模型是妈妈送我的生日礼物，而且是她费了好大劲才买到的，如果她发现我随便就把其中一辆小汽车送给别人了，肯定会生气的 (3) 所以我很着急	壮壮对小天说自己怎么了： (1) 你把送给我的东西又要回去 (2) 你这样出尔反尔会破坏我们之间的信任 (3) 所以我特别生气

3 讨论

（1）运用友谊回转"三步曲"后，小天和壮壮还会觉得"我好，你不好"吗？

【说明】 通过运用友谊回转"三步曲"，小天和壮壮一起扭一扭，都从"我"转到了"你"，两人互相觉察、互相理解，最终都从"我好，你不好"或者"我不好，你也不好"变成了"我好，你也好"。

（2）针对小天和壮壮的冲突，可以有哪些解决方案？

【说明】 让学生放开来提各种解决方案，教师也要预设可能的解决方案。例如，小天和壮壮都很生气，不理解对方的行为，于是他们分别向其他朋友倾诉；在倾诉的过程中，朋友的提示让他们开始分析对方的想法，尝试着去理解对方；两人经过沟通，相互谅解，冲突得以解决。

（3）跳出友谊的冲突陷阱的关键是什么？

【说明】 要想跳出友谊的冲突陷阱，关键有两点：第一，换位思考，从"我"转到"你"，问出"你怎么了"；第二，认识上要从"我好，你不好"变成"我好，你也好"。

（4）朋友间发生冲突时，先主动沟通的人会吃亏吗？

【说明】 教师主动把学生带入一个真实状态，让学生体会"觉得吃亏"的想法是正常的，然后听学生的意见。教师要引导学生：先主动沟通的人不会吃亏，谁先主动沟通说明谁更珍惜友谊。会受到朋友的尊重。

4 活动小结

（1）友谊的冲突陷阱是"我好，你不好"，跳出陷阱的关键是问一句"你怎么了"。

（2）友谊回转"三步曲"：我来扭一扭；你说我听（你怎么了）；我说你听（我怎么了）。

（3）我们一起扭一扭，跳出友谊的冲突陷阱，友谊回来了。

我会交朋友

友谊回转"三步曲"

第一步：我来扭一扭（觉察情绪，主动询问）

第二步：你说我听（你怎么了）

第三步：我说你听（我怎么了）

跳出友谊的冲突陷阱，友谊回来啦！

活动三　来到我的生活里（8分钟）

你和朋友之间是否产生过冲突？你可以运用今天学习的内容化解冲突、找回友谊吗？请你试着运用友谊回转"三步曲"给朋友写一封信吧。如果课堂时间不够，也可以概要地写信。

×××同学：

　　你好！

　（第一段：描述一下冲突故事）

_____

_____

　（第二段：写一写自己觉察到的双方的情绪，意识到不单是自己有理，可能对方也有理，问一句"你怎么了"）

_____

_____

　（第三段：说明自己想要了解对方怎么了）

　　我很想知道我的哪些语言、行为造成了我们的冲突，给你带来了什么后果，你的感受是什么，你能告诉我吗？

_____

_____

　（第四段：说说自己怎么了，即描述对方的行为、行为的后果和自己的感受）

_____

_____

　（第五段：表达自己对找回友谊的期待）

　　我非常珍惜我们之间的友谊，希望我们能够一起扭一扭，跳出友谊的冲突陷阱，让美好的友谊再回到我们中间。期待你的回信！

　　　　　　　　　　　　　　　　　　　　×××

　　　　　　　　　　　　　　　　×年×月×日

 我会交朋友

【说明】对于五年级的学生来说，当面表达难免会觉得羞涩、不好意思，因此写信是一种隐晦的又可以表达真实情感的沟通方式。有学生分享时教师要给予充分的肯定，然后可以请同学们一起完善这名学生写的信。

我学到了（1分钟）

（1）朋友之间发生冲突很正常，要尝试沟通才能解决冲突，找回友谊。

（2）友谊的冲突陷阱是"我好，你不好"。

（3）友谊回转"三步曲"：我来扭一扭（觉察情绪，主动询问）；你说我听（你怎么了）；我说你听（我怎么了）。

（4）找回友谊的关键是换位思考：从"我"到"你"，从"我好，你不好"到"我好，你也好"。

【说明】进行本课总结后，请学生再关注一下本课时的标题"友谊小回转"。有"小回转"就会有"大回转"，激发学生对下节课的期待。

我的练功房（1分钟）

五级功夫第三招：友谊回转"三步曲"。

1 练功目的

理解友谊的冲突陷阱"我好，你不好"，运用友谊回转"三步曲"解决冲突，感受找回友谊的快乐。

2 练功要领

（1）我来扭一扭（觉察情绪，主动询问）：觉察自己和对方的情绪，主动询

问"你怎么了",不计较谁先说。

（2）你说我听（你怎么了）：耐心听，听对方说"我"的行为、行为的后果和他的感受。

（3）我说你听（我怎么了）：好好说，说对方的行为、行为的后果和自己的感受。

友谊回转"三步曲"

	第一步：我来扭一扭（觉察情绪，主动询问）	第二步：你说我听（你怎么了）	第三步：我说你听（我怎么了）
冲突故事	练功目的：从"我"转向"你"	练功目的：耐心听并理解对方怎么了	练功目的：好好告诉对方自己怎么了
	练功要领（小三步）： (1) 觉察自己的情绪并调整 _____ (2) 觉察对方的情绪 _____ (3) 主动询问对方：你怎么了？ _____	练功要领（小三步）： (1) 听对方描述他看到了"我"的什么行为 _____ (2) 听对方描述这种行为造成的后果 _____ (3) 听对方表达他的内心感受	练功要领（小三步）： (1) 具体描述对方的行为 _____ (2) 描述对方的行为造成的后果 _____ (3) 表达自己的内心感受

第四课时　友谊大回转

课时目标

1. 学会借助"冲突回放",运用美好回忆法体会冲突发生前和朋友在一起的美好,珍惜友谊。
2. 能够回忆和朋友在一起的美好时光,寻找友谊历史事实,消除疑虑,坚定对朋友的信任,让友谊彻底回来。

活动安排

名称	目标	准备	难点
活动一　冲突前的美好	目标1	彩笔	引导学生通过回忆感受冲突前和朋友在一起的美好
活动二　大美好与小冲突	目标2	无	理解壮壮回忆的过程是在收集事实,寻找证据来证明小天是否真的言而无信,进而做出判断
活动三　来到我的生活里	目标1 目标2	无	理解历史回忆法有时不能消除对朋友的疑惑,不能找回友谊

日常修炼

五级功夫第四招:友谊大回转。

我们的冲突与回转

理论依据

　　在小学低年级和中年级，学生对友谊的理解更多是快乐和亲密，但随着他们年龄的增长、思维的发展和价值观的初步形成，相互认同开始成为友谊的重要基础。对朋友的认同包括对朋友对待自己的态度和方式的认同，也包括对这种态度和方式的长期一致性的认同。前者与自我认同相关，也就是朋友对待自己的态度和方式是不是自己需要和喜欢的，其本质还是朋友之间需要的一致性，这是友谊建立的基础。后者即朋友对待自己的态度和方式是稳定的还是多变的，这关系到朋友的可靠性，是友谊能否稳定延续的基础。进入高年级的学生更加关注朋友间的平等对待和相互认同，渴望稳定的友谊。

　　在友谊的发展过程中，常常会出现冲突。和朋友发生冲突时，如果能够拨开冲突的情绪乌云，先确定自己对朋友的疑惑之处，然后通过回忆收集友谊历史中的事实，消除疑惑，坚定认同，并在美好回忆中体会温暖和幸福，就能真正找回友谊。我们将这样一个过程称为"友谊大回转"。通过本节课的学习，希望学生能够掌握这样一种态度和方法。

开课了（3分钟）

我还记得

　　亲爱的同学们，大家好！你们还记得上节课学习的主题是什么吗？你们都学到了什么？

　　【说明】教师尽量让学生自己回忆，最后出示上节课"我

我会交朋友

学到了"中的内容即可。

> **主题：友谊小回转**
>
> （1）朋友之间发生冲突很正常，要尝试沟通才能解决冲突，找回友谊。
>
> （2）友谊的冲突陷阱是"我好，你不好"。
>
> （3）友谊回转"三步曲"：我来扭一扭（觉察情绪，主动询问）；你说我听（你怎么了）；我说你听（我怎么了）。
>
> （4）找回友谊的关键是换位思考：从"我"到"你"，从"我好，你不好"到"我好，你也好"。

练功分享

五级功夫第三招"友谊回转'三步曲'"你练得怎么样？分享一下你的练功故事吧！

【说明】要引导学生学会根据练功目的和练功要领评价自己的练功情况。

导入新话题

通过前面的学习，我们知道可以通过友谊回转"三步曲"化解和朋友之间的冲突，我们称这一过程为"友谊小回转"。有"小回转"，就会有"大回转"。那什么是"友谊大回转"呢？让我们一起开始今天的探索吧！

活动一　冲突前的美好（15分钟）

1　冲突回放

你们还记得上节课学习的故事《我好，你不好》吗？我们一起回忆一下。

2　讨论

（1）小天为什么把自己的生日礼物带给壮壮玩，并且送给他？

【说明】在这个问题的讨论中，重点要让学生明白，小天之所以把自己的生日礼物送给壮壮，是因为他们是好朋友。如果有学生提到小天是由于冲动才把玩具给了壮壮，教师首先要引导学生理解，在这个故事中，小天冲动是因为他和壮壮之间的感情好，其次要让学生体会这种冲动本身就是美好的。

（2）壮壮和小天一起玩的时候，他们是什么心情？你从哪里看出来的？

【说明】让学生体会朋友之间因为关系要好，所以他们玩的时候很放松、很快乐，这可以从壮壮"一次又一次地表示"和小天"大手一挥"中看出来。

（3）如果小天和壮壮能够在"冲突回放"中体会到冲突发生前他们在一起的美好，他们的情绪和行为会发生什么变化？

【说明】在发生冲突之后，冲突产生的过程经常会一遍遍地在人的头脑中重现，我们称之为"冲突回放"。在冲突回放中，如果能看到冲突发生前的美好，就会对这种美好产生留恋，这对于冲突双方的情绪调节会起到积极的作用，能让冲突双方生气甚至愤怒的情绪得到缓解，使双方的情绪逐渐平静下来。

3　活动小结

尽管和朋友发生了冲突，但我们仍然可以看到冲突发生前的美好。

我会交朋友

活动二　大美好与小冲突（15分钟）

1　情景故事

让友谊彻底回来

小天和壮壮通过友谊小回转，感受到了对方的情绪，了解了对方的需要，跳出了友谊的冲突陷阱，冲突化解了。但是，两个人心里多少还是有些别扭。小天有时候还会觉得壮壮不把小汽车还给自己时很无理取闹，壮壮也会看到小汽车就想起小天言而无信。两人看上去和好了，可心里还是有点不舒服。于是，壮壮向妈妈倾诉。妈妈说："你们俩从小就是好朋友，也经常互送礼物，你看，家里的蜘蛛侠不就是小天送给你的吗？你们一起玩了这么久，你应该知道他不是一个言而无信的孩子。"听了妈妈的话，壮壮脑子里不断闪现出以往和小天在一起时开心的场景，那一幕幕画面让壮壮情不自禁地露出了幸福的微笑。"对呀！小天不是言而无信的人！他这次要回小汽车是因为那是妈妈送他的生日礼物，如果小天妈妈发现自己精心准备的礼物被小天随便就送人了，她会难过的。"

想到这儿，壮壮长出了一口气，脸上一片晴朗……

2 讨论

（1）壮壮的心情彻底变好了吗？让壮壮"别扭"的是什么？是什么让他发生了改变？

【说明】从"长出了一口气"和"脸上一片晴朗"可以看出壮壮的心情彻底变好了。教师引导学生体会：虽然表面上看事情解决了，但对小天这个人的疑惑并没有得到解决，因此壮壮心里还是别扭的。妈妈的话让壮壮回忆起他和小天在一起度过的快乐时光，一件件开心的往事、一幕幕美好的场景让壮壮断定小天不是言而无信的人。想明白了这一点，他的心里就不再觉得别扭了。这也是一种回忆的方法。

（2）壮壮的这种回忆与我们学过的"美好回忆法"有什么相同点和不同点？

【说明】二者的相同点在于回忆美好的往事可以让我们觉得温暖、快乐；不同点在于壮壮的回忆是在友谊的历史中寻找类似这次发生的事作为证据证明小天不是言而无信，客观地认识小天。因此，这种回忆的方法可以称为"历史回忆法"。

（3）壮壮当初为什么会认为小天"言而无信"呢？

【说明】首先要引导学生理解：小天并不是因为自己又想玩红色小汽车而后悔把它送给了壮壮，他想要回小汽车是因为担心妈妈生气，因此，从主观意愿上说，小天并没有言而无信；壮壮只看到了小天要回小汽车的外在行为，没有感受到小天内心对自己的友好感情是不变的，没有理解小天这一做法背后的不得已。其次，可以请学生回忆之前学过的"摘下有色眼镜"，让学生讨论：壮壮开始时认为小天"言而无信"是由于他戴了什么有色眼镜呢？是情绪还是偏见？显然，答案是情绪。因为壮壮太喜欢红色小汽车了，受这种情绪的影响，他才会觉得小天言而无信。其实壮壮刚开始认为小天言而无信是以偏概全了。

（4）假设你是壮壮，请你用彩笔在下面写有不同时间和事件的格子中涂涂你的情绪色彩。

我会交朋友

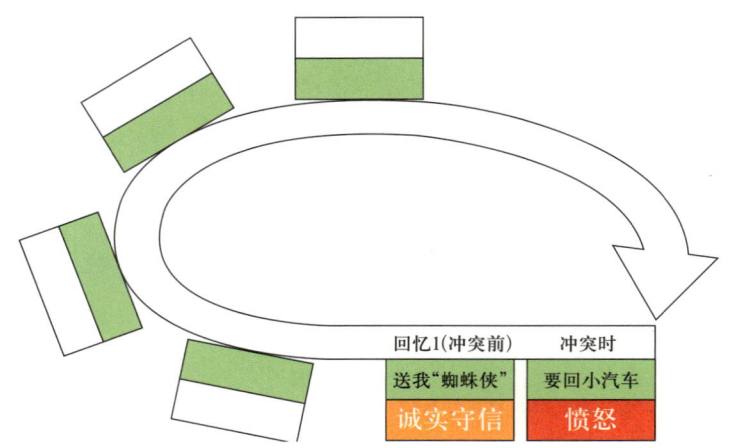

【说明】在这个环节中,教师可以引导学生想象小天和壮壮在一起时诚实守信的事例,按照时间由近及远的顺序回忆,边回忆边在时间轴上贴上能表达相应情绪的彩纸,并在纸上写下回忆事件后得到的证据,如诚实守信,从而帮助学生直观地看到证据,来缓解矛盾发生后由于壮壮带了"有色眼镜"而陷入的不良情绪。教师的演示一方面是带领学生一起经历寻找证据的过程,另一方面是教给学生方法,为课后练功做准备。

3 活动小结

(1)和朋友发生冲突后,"历史回忆法"可以帮助我们反思朋友对自己一贯的态度和行为,通过回忆一件件往事,帮助我们依据事实客观地认识朋友和自己,理解冲突的特殊性,坚定自己对朋友的信任。

(2)美好的回忆会让人觉得温暖、幸福。

活动三 来到我的生活里(5分钟)

你和某位朋友之间有没有因为一点小冲突而导致彼此心里不愉快,至今都没有完全和好?请回忆一下你们一起度过的美好时光,看看这些回忆能不能消除你在和他交往中产生的疑虑与困惑,给你带来温暖和幸福。

我们的冲突与回转

【说明】可能有的学生尝试之后仍然不能消除自己在和朋友交往中产生的疑虑与困惑，我们要告诉学生，历史回忆法不能让我们找回所有的友谊，但大多数情况下，它能帮助我们找回友谊。

我学到了（1分钟）

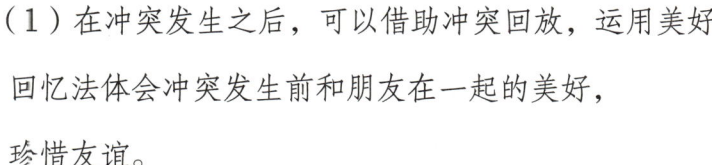

（1）在冲突发生之后，可以借助冲突回放，运用美好回忆法体会冲突发生前和朋友在一起的美好，珍惜友谊。

（2）回忆和朋友在一起的美好时光，寻找友谊历史事实，能够帮助我们消除疑虑与困惑，坚定对朋友的信任，让友谊彻底回来。

我的练功房（1分钟）

五级功夫第四招：友谊大回转。

1 练功目的

回顾和朋友在一起的美好时光，消除疑虑与困惑，坚定对朋友的信任。

2 练功要领

（1）描述自己和朋友之间发生的冲突。

（2）明确自己在和朋友交往中的疑虑与困惑是什么。

（3）通过回忆收集事实，看到朋友一贯的态度和行为。

（4）理解冲突的特殊性，坚定对朋友的信任。

我会交朋友

　　请你把自己在练功过程中的体会和感受,以图画或文字的形式记录在《我会交朋友学习手册》中本课时"我的学习和练功体会"部分,也可以单独拿一张白纸来记录。

第三单元
爱自己与爱朋友

我会交朋友

单元目标

1. 体会爱自己需要认识自己的优点和不足，接纳自己的全部，要敢于在他人面前表达自己真实的需要。
2. 理解爱自己也要爱别人，要协调"你需要"和"我需要"。
3. 体验和理解爱朋友要做到包容、尊重和分担，这样才能真正给朋友带来温暖。
4. 体验和理解爱朋友的"倾听三阶段"，感受倾听的温柔，体会爱朋友也是爱自己。

单元内容结构

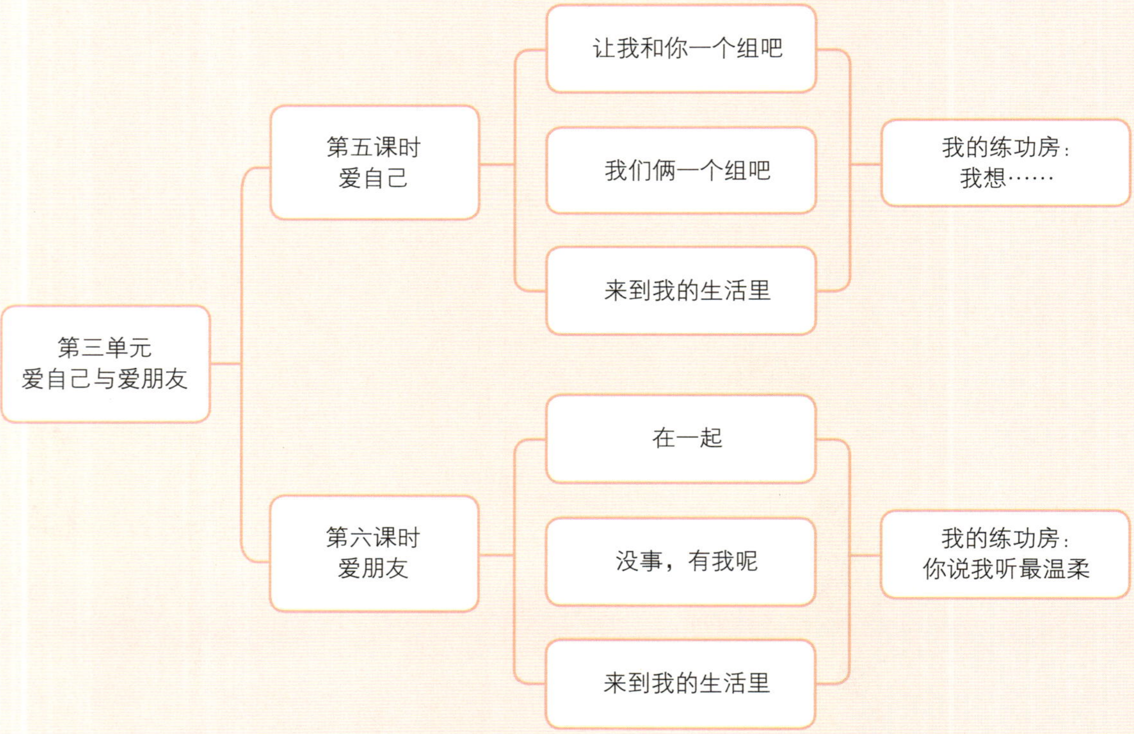

第三单元 爱自己与爱朋友
- 第五课时 爱自己
  - 让我和你一个组吧
  - 我们俩一个组吧
  - 来到我的生活里
  - 我的练功房：我想……
- 第六课时 爱朋友
  - 在一起
  - 没事，有我呢
  - 来到我的生活里
  - 我的练功房：你说我听最温柔

第五课时　爱自己

课时目标

1. 体会爱自己需要认识自己的优点和不足，接纳自己的全部。
2. 体会爱自己要敢于在他人面前表达自己真实的需要，并协调"你需要"和"我需要"。
3. 理解爱自己也要爱别人，要协调"你需要"和"我需要"。

活动安排

名称	目标	准备	难点
活动一　让我和你一个组吧	目标1 目标2 目标3	故事表演	理解爱别人才能最终爱自己
活动二　我们俩一个组吧	目标1 目标2 目标3	故事表演	判断改编的故事运用了"爱自己"的哪一条原则
活动三　来到我的生活里	目标1 目标2 目标3	无	判断自己的改变运用了"爱自己"的哪一条原则

日常修炼

五级功夫第五招：我想……。

我会交朋友

理论依据

自我接纳是指个体对自我的一切特征采取一种积极的态度，简言之就是能欣然接受现实的自我。自我接纳包含两个层面的含义：一是能发现自己身体、能力、性格等方面的优点，但不因自身的优点、特长和成绩而骄傲；二是能欣然正视和接受自己的缺点，不因自身的某些缺点、失误而自卑。

在与他人交往时，自我接纳体现为自信，能够看到自己的优点和特长，敢于表达自己真实的需要。爱自己是自信的基础，与自信相辅相成。自信要通过成功获得。要让学生感受到爱自己是内心的需要，能够自我接纳，减少不自信的语言和行为，使爱自己成为一种反应模式。同时，自我接纳并不意味着排斥他人，而是要悦纳他人。自我接纳是个体心理健康的一项重要标准，也是健康自我成长的重要内容。

为了便于学生理解，我们将自我接纳通俗地表达为"爱自己"。

开课了（3分钟）

我还记得

各位同学，大家好！你还记得上节课学习的主题是什么吗？你都学到了什么？

【说明】教师尽量让学生自己回忆，最后出示上节课"我学到了"中的内容即可。

爱自己与爱朋友

主题：友谊大回转

（1）在冲突发生之后，可以借助冲突回放，运用美好回忆法体会冲突发生前和朋友在一起的美好，珍惜友谊。

（2）回忆和朋友在一起的美好时光，寻找友谊历史事实，能够帮助我们消除疑虑与困惑，坚定对朋友的信任，让友谊彻底回来。

练功分享

五级功夫第四招"友谊大回转"你练得怎么样？说一说你的练功故事吧！

【说明】要引导学生学会根据练功目的和练功要领评价自己的练功情况。

导入新话题

在我们和朋友相处的过程中，有时我们可能只顾着自己，而忽略了对方的感受，认为"我好，你不好"，从而引发小冲突。如何在和朋友相处的过程中保持友谊天平的平衡，既保护自己、爱自己，同时也照顾朋友、爱朋友呢？这节课我们一起来探讨吧。

我会交朋友

活动一　让我和你一个组吧（15分钟）

1　情景故事

让我和你一个组吧

新年联欢会就要到了，小雨想到可以上台表演节目，好开心呀！

老师让同学们自由组合准备节目，小雨犯难了：我能和谁一个组呢？看着很多同学都找到了自己的同伴，小雨心里更着急了。这时，她看到小曼一个人在座位上东张西望，好像还没有找到同伴。小雨赶紧跑过去，怯怯地问："小曼，我能不能和你一起表演节目？"小曼瞥了她一眼，淡淡地问："你要表演什么节目？"

小雨不自信地说："我也不知道。我学过弹钢琴，但弹得不太好，也没找到同伴。你要表演什么？我表演什么都可以，能和你一个组就行。"小曼听了，傲慢地说："那好吧，这次就让你和我一组。我擅长跳舞，你就跟我一起表演跳舞吧。"小雨平时没跳过舞，为难地说："这……好吧！那怎么跳呢？""你就跟着我跳，我跳什么动作你就跳什么动作。"小曼说完，起身走了。

为了配合小曼跳好舞，小雨可没少下功夫。小曼的舞蹈动作很快，小雨完全跟不上节奏，也记不住动作。她想请小曼教她，但小曼认为她自己跳好就行了，

根本不管小雨。为了能在联欢会上表演，小雨只好自己琢磨、练习。

新年联欢会那天，在同学们热烈的掌声中，小雨和小曼开始表演她们的节目。可没想到，刚刚开始，小雨就紧张地跳错了动作，还不小心摔倒了。节目演完后，小曼生气地指责小雨说："都怪

你！要不是你，我肯定能演得更好。"那表情和口气里满是嫌弃。小雨好难过呀！她很伤心，也很自责，怪自己没有跳好。

回到家里，小雨还是很难过，就跟妈妈说了这件事。妈妈说："小雨，你会弹钢琴，为什么不给小曼伴奏，让小曼跳舞呢？""对呀，我怎么忘了自己可以伴奏呢！"小雨完全没有想到这一点。妈妈接着说："小雨，你总是为别人着想，这是好的，但以后要更自信一点，不要总是委屈自己。"听了妈妈的话，小雨似乎明白了点什么。

【说明】也可以请几个学生表演这个情景故事，让其他学生有更直观的体验。

2 讨论

（1）在这个故事中，小雨的情绪是什么？

【说明】小雨的情绪有开心、伤心、自责，可能还有嫌弃自己。教师可以进一步提问：自责和嫌弃的情绪会对她有什么影响呢？故事中小雨嫌弃自己是对自己的一种否定，是不自信的表现。教师可以引导学生梳理整个故事中小雨的情绪变化，并根据梳理的结果把小雨的情绪变化写在黑板上。

（2）当小曼指责小雨的时候，小雨很难过、很自责，你怎么看？

【说明】表演失败不全是小雨的原因，也有小曼的原因，因为小曼傲慢，不管小雨。也有小雨自己的原因：不自信，在合作中忽视了自己的特长，一味跟随小曼，放弃了"自我"，不懂得爱自己。

（3）小雨应该怎样爱自己？

【说明】让学生充分讨论。学生可能会说到"小雨要自信"，教师要引导学生进一步思考小雨怎样才能自信，也就是怎样才能做到爱自己。要引导学生讨论出以下要点。

第一，要发现并认清自己的优良品质以及其他方面的优点、特长。对小雨来说，她要清楚地认识到自己是一个善解人意、尊重他人的人，知道自己的特长是弹钢琴。

第二，要敢于表达自己内心的需要，即小雨要勇敢表达自己在新年联欢会上展示自我的愿望。

第三，要善于协调"你需要"和"我需要"，即在新年联欢会上，同组表演的小曼和小雨都能够展示自己的特长，小曼跳舞，小雨弹钢琴。

第四，要明白与人合作时出现问题，并不全是自己的错。在联欢会表演中出现失

误,不仅小雨有责任,小曼也有责任。如果学生认识不到这一点,可以带学生回到故事中,让他们体会"小曼认为她自己跳好就行了,根本不管小雨"这句话。

第五,即使自己失败了,或者遭到了别人的嫌弃,也要爱惜自己,要看到自己的优点和特长。可以让学生重温小雨和妈妈在一起的那一段,引导他们理解:小雨不仅有弹钢琴的特长,还拥有真诚善良的品质,这是更重要的。

(4)小曼爱自己吗?

【说明】学生的回答可能是"爱"。这个回答是合理的,因为从表面上看,小曼了解并尊重自己的特长,而且勇于表达要在新年联欢会上展示自己特长的愿望。这时教师可以进一步追问学生:小曼这样爱自己,你愿意和她这样的人交朋友吗?学生大多数会回答"不愿意"。那么小曼将面临怎样的结果?会没有朋友,会很孤独。因此只有懂得爱别人,才能被别人爱,爱别人最终也是爱自己。

3 活动小结

每个人都要爱自己,爱自己要遵循以下原则:

(1)爱自己就要看到自己的优点、特长,尤其是自己的优良品质。

(2)爱自己就要敢于表达自己内心的需要。

(3)爱自己就要善于协调"你需要"和"我需要"。

(4)爱自己,在合作出现问题时,既要看到自己的责任,又不能全怪自己。

(5)爱自己,即使自己失败了,遭到别人嫌弃,也要看到自己的优点,爱惜自己。

(6)爱自己就要懂得爱别人。

【说明】让学生说说怎样爱自己,注意方式要具体,而不是用概括性的语言。

活动二　我们俩一个组吧(10分钟)

1 故事新编

请同学们用刚学到的爱自己的方式,以"我们俩一个组吧"为故事名,改编上面的故事。

【说明】先让学生体会两个故事名的不同,再让他们进行故事改编,完成后,组内同学交流分享。

2 情景表演

请每组以一个改编后的故事为剧本,由组内两名学生分别扮演小雨和小曼,合作表演情景剧。

【说明】学生在组内排练后,可以请两到三组学生在全班表演,并说明他们的故事新编体现了爱自己的哪条原则。教师还可以问学生:和原故事相比,改编后的故事中小雨的语言和行为有哪些改变?学生会发现,那些体现小雨"不自信"的语言和行为都没有了。在活动中要让学生感受小雨、小曼的改变。通过这些讨论,可以帮助学生更好地体会和理解"爱自己"。

3 活动小结

(1)爱自己,要和朋友平等相处。

(2)爱自己,要自信,看到自己的优点,同时接纳自己的不足。

活动三 来到我的生活里(10分钟)

同学们,在生活中你们有过与小雨、小曼相似的经历吗?如果时光倒流,回到当时的场景,你会让自己做出哪些改变呢?请你根据今天学习的内容想一想、写一写。

故事背景	当时我的表现 (不爱自己的语言和行为)	现在我的改变 (爱自己的语言和行为)

我会交朋友

我的改变体现了爱自己的＿＿＿＿＿＿＿＿＿＿＿＿＿＿原则。

我学到了（1分钟）

（1）爱自己，要认识自己的优点。即使自己失败了，遭到了别人嫌弃，也要看到自己的优点，接纳自己的全部。

（2）爱自己就要敢于在他人面前表达自己真实的、合理的情绪和需要。

（3）爱自己，在与他人合作出现问题时，既要看到自己的责任，又不能全怪自己。

（4）爱自己也要爱别人，要协调"你需要"和"我需要"。

我的练功房（1分钟）

五级功夫第五招：我想……。

1 练功目的

与他人相处时，能够表达出自己真实的、

合理的需要,爱自己。

2 练功要领

(1)认识自己的需要,包括问题的解决、特长的发挥、愿望的实现等。

(2)向他人表达自己的需要,同时要注意协调"你需要"和"我需要"。

我想……

生活情境	他人的需要	我的需要	我表达自己的需要

第六课时　爱朋友

课时目标

1. 体验和理解爱朋友要做到包容、尊重和分担，这样才能真正让朋友感到温暖。
2. 体验和理解爱朋友的"倾听三阶段"，感受倾听的温柔。
3. 体会和理解爱朋友也是爱自己。

活动安排

活动名称	目标	准备	难点
活动一　在一起	目标1	无	感受和朋友在一起的温暖
活动二　没事，有我呢	目标2 目标3	无	了解朋友的需要
活动三　来到我的生活里	目标3	无	联系生活实际，感受爱朋友带给彼此的美好感受

日常修炼

五级功夫第六招：你说我听最温柔。

理论依据

无论是爱自己还是爱朋友，都要关注需要。在此基础上，要进一步理解人际互动中朋友对自己的需要。社会心理学家舒茨（W. Schutz）在1958年提出了人际需要的三维理论。舒茨认为，每一个个体在人际互动过程中都有三种基本的需要——包容需要、支配需要和情感需要，这三种基本的人际需要决定了个体在人际交往中的行为以及个体如何描述、解释和预测他人的行为。

包容需要指个体想要与人接触、交往，在此基础上理解人际互动中彼此的需求，从而能隶属于某个群体，与他人建立并维持一种和谐的相互关系的需要。如果个体在早期包容需要没有得到满足，他就会形成与他人之间的否定的相互关系，就会产生焦虑，从而倾向于形成低社会行为[1]，倾向于运用内部言语，倾向于摆脱与他人之间的相互作用，与他人保持距离，拒绝参加群体活动。如果个体在早期包容需要得到了满足，能够与父母或他人进行和谐的交往，他就不会产生焦虑情绪，就会形成理想的社会行为。

支配需要指个体控制别人或被别人控制的需要，是个体在权力关系上与他人建立或维持既乐于顺从又可以支配的相互依存的人际关系的需要。如果个体在早期能够在一个民主的家庭环境和学校环境中成长，他就能比较好地解决人与人之间权力支配的问题。

情感需要指个体爱别人或被别人爱的需要，是个体在人际交往中与他人建立并维持亲密的情感联系的需要。如果个体在早期经验中没有获得爱的满足，他就会倾向于形成低个人行为[2]，表面上对人友好，但在个人的情感世界深处却与他人保持距离，而且为人处世比较情绪化，不会

---

[1] 社会行为指群体中不同成员分工合作，共同维持群体生活的行为。
[2] 个人行为指个体为满足自身需要对环境所做出的生理、心理和社会适应等方面的反应。

我会交朋友

或不善与人交往。

在人际交往中，共情（empathy）是一种基本能力。共情指的是能深入他人的主观世界，了解其感受的能力，在我们看来，就是觉察、认识他人的情绪并理解情绪背后的需要的能力。

本课时以"爱朋友"为题，要让学生理解和朋友交往时，除了要关注朋友的内心需要，还要关注人际需要。在舒茨提出的三种人际需要的基础上，我们根据小学生的特点，提出了小学生的三种人际需要：包容、尊重和分担。尊重对应支配需要，是指平等、不过度干涉；分担对应情感需要，通过共情满足对方的情感需要。

开课了（3分钟）

我还记得

各位同学，大家好！你还记得上节课学习的主题是什么吗？你都学到了什么？

【说明】教师尽量让学生自己回忆，最后出示上节课"我学到了"中的内容即可。

爱自己与爱朋友

主题：爱自己

（1）爱自己，要认识自己的优点。即使自己失败了，遭到了别人嫌弃，也要看到自己的优点，接纳自己的全部。

（2）爱自己就要敢于在他人面前表达自己真实的、合理的情绪和需要。

（3）爱自己，在与他人合作出现问题时，既要看到自己的责任，又不能全怪自己。

（4）爱自己也要爱别人，要协调"你需要"和"我需要"。

练功分享

五级功夫第五招"我想……"你练得怎么样？说一说你的练功故事吧！

【说明】要引导学生学会根据练功目的和练功要领评价自己的练功情况。

导入新话题

上节课我们学习了"爱自己"，知道了不要讨好、不要遮掩，要自信一点、接纳自己，要敢于向朋友表达心愿，大胆地做真实的自己。这节课，我们就一起来学习怎样爱朋友。

 我会交朋友

活动一 在一起（15分钟）

1 情景故事

小雨和小美的故事

早晨，小雨走进教室，发现好朋友小美阴沉着脸，无精打采地坐在座位上，完全不是平时爱说爱笑的样子。看到朋友不开心，小雨也不知道该做些什么。她走到小美身边坐下来，什么也没说，只是安静地做着自己的事。

教室里的同学越来越多了，有人兴奋地聊着天，有人忙着准备上课用的书本、文具，只有小雨默默地陪着异常安静的小美。

时间一分一秒地走着，直到一阵清脆的铃声打破了这份静默。该上早操了，小美突然对身边的小雨说："走吧，我们上操去。"

看到小美露出了微笑，小雨提着的心也放了下来。"好呀，走！"她开心地答应着，拉起小美的手，走出了教室。

爱自己与爱朋友

2 讨论

（1）看到小美不开心，小雨做了什么？

【说明】学生可能回答"陪伴"，教师可以补充：还有细心的观察，小雨通过观察感受到了小美不开心。引导学生明白小美不开心背后的情绪是什么以及什么原因让小美不开心。

（2）小雨的行为让小美感受到了什么？为什么她的情绪状态很快好起来了？

【说明】小美感受到了温暖、分担、亲密、期待、包容、尊重……。其中"分担"和"期待"可能不太好理解，教师可以解释，可能是小雨把温暖传递给了小美，也可能是小美感受到小雨对自己消极情绪的包容，也可能因为她感受到小雨对自己的期待。小美之所以能很快好起来，可能是因为小雨把温暖传递给了她，也可能是因为她感受到了小雨的期待。

（3）如果你是小雨，你还会做些什么？

【说明】可以让学生结合自己类似的经历说一说，尽可能让学生回答，让他们看到自己原本的想法。可能会有学生说，他会问问小美发生了什么，或者劝小美不要难过，或者直接拉着小美出去玩、去散心。这时可以让学生分组讨论：如果小雨这样做，小美的感受是什么？并根据大家的讨论，整理出下面的表格。

我会交朋友

小雨的做法	小美可能的感受
陪在小美身边	安全　踏实
问问小美发生了什么	有朋友关心很温暖 不好回答很尴尬 ……
劝小美不要难过	有朋友关心很温暖 越劝越难过 有点烦躁，不耐烦 ……
拉着小美去散心	出去玩玩就开心了 正在难过不想动 ……

（4）故事中，小雨只是静静地坐在小美身边。请你体会一下：小雨这样做，体现了她对小美怎样的感情？

【说明】上一个问题的讨论中提到的"问问小美发生了什么""劝小美不要难过""拉着小美去散心"等做法虽然都有可能让小美感到温暖、变得开心，但也有可能让小美觉得尴尬、更难过，因此，故事中小雨的做法是最"安全"的，不会给小美带来任何负面影响。小雨的做法体现了她对小美的尊重。首先，小雨可能觉得自己不了解情况，不知道到底发生了什么事，因此选择安静地陪伴、等待；其次，小雨既想给小美温暖，又不想随便打扰和影响小美，所以选择耐心等待。小雨真的是好用心啊！

（5）经过前面的讨论，你觉得爱朋友应该怎么做呢？

【说明】先让学生自由讨论，再出示下面的活动小结。

3　活动小结

（1）爱朋友，要包容，能等待。

（2）爱朋友，要尊重，不勉强。

（3）爱朋友，要分担，送温暖。

爱自己与爱朋友

活动二　没事，有我呢（10分钟）

1　情景故事

小雨和小美的故事（续）

早操结束后，小雨和小美两个好朋友手拉手走在操场上，慢慢地话多了起来。小雨小心地问："你现在好些了吧？刚才怎么了？"小美苦笑了一下，说："还不是因为昨天的考试，我才考了70分，回家后妈妈问我考得怎么样，我怎么也没有勇气告诉她。刚才在教室里，我想起老师还让我们分析卷子，又觉得不该瞒着妈妈，就怎么也高兴不起来了。"

小雨终于明白小美为什么一大早就情绪不高了，她急忙说："这样啊。没事的，我已经把卷子上每一道题都弄明白了，我可以帮你一起把错题弄明白、改过来。放心，有我呢！其实，你妈妈最在意的是你有没有学会，你把该掌握的知识点掌握了，认真把错题改了，你就可以放心地告诉妈妈了。"

听着小雨的话，小美感激地拥抱了她。小雨轻轻地拍着小美的后背，胸有成竹地说："没事，有我呢！走，我们回教室改错去！"小美笑了，小雨也笑了。

我会交朋友

2 讨论

（1）小雨这次又做了什么？她的哪些做法让你觉得感动？

【说明】小雨先是小心地询问了小美不开心的原因，了解了小美内心的需要；然后急忙想办法帮小美解决问题。要引导学生关注两点：一是"小心"和"急忙"的对比，小雨内心急小美之所急，又顾及不要伤到小美的自尊心，因而小心询问，这充分体现了她对小美的关心和尊重，她是非常细致的，是将心比心的；二是小雨听出了小美所有的需要，包括当下改错题的需要和怎么告诉妈妈的需要，之所以能做到这样，也是将心比心的；三是小雨尽自己所能帮助小美，"没事，有我呢"这句话让小美感觉到安心。

（2）小雨这么做的时候，小美能感受到什么？小雨又能感受到什么？

【说明】小美可能会感受到温暖、力量、体贴、希望、幸福等。小雨可能会感受到帮助小美的快乐——你快乐我就快乐；也可能会感受到自己的力量，甚至可能会被自己感动，也为小美的感激而感动。这多么美好！小雨在爱朋友的时候也得到了朋友的爱，她自己也能够感受到温暖，其实也爱了自己。爱朋友的时候也就爱了自己。

（3）小雨听出了小美所有的需要，真是太棒了！你说我听最温柔。请你想一想：怎么听最温柔？

【说明】让学生充分讨论怎么听最温柔，并引出下面的活动小结。

3 活动小结

（1）"你说我听"三阶段，这样听最温柔：① 在朋友愿意倾诉的时候倾听；② 尽可能听出朋友所有的需要；③ 倾听后知道可以为朋友做些什么。

（2）爱朋友也是爱自己。

爱自己与爱朋友

活动三 来到我的生活里（10分钟）

请同学们回忆一下自己是否做过温柔的倾听者，先在小组中分享，然后在全班分享。

【说明】当我们回忆曾经温柔的时光、彼此分享时，体验爱朋友也是爱自己。

我学到了（1分钟）

（1）爱朋友，要包容，能等待；爱朋友，要尊重，不勉强；爱朋友，要分担，送温暖；爱朋友……

（2）亲密的陪伴最重要；将心比心最温暖；你说我听最温柔；我来帮你最有力量。

（3）爱朋友也是爱自己。

我的练功房（1分钟）

五级功夫第六招：你说我听最温柔。

1 练功目的

体会什么样的倾听是"爱朋友"的倾听。

2 练功要领

"你说我听"三阶段：（1）在朋友愿意倾诉的时候倾听；（2）尽可能听出朋友所有的需要；（3）倾听后知道可以为朋友做些什么。

我会交朋友

你说我听最温柔

事件	阶段	具体做法
	在朋友愿意倾诉的时候倾听	
	尽可能听出朋友所有的需求	
	倾听后知道可以为朋友做些什么	

请同学们用喜欢的颜色将你们练功后的感觉填满下面这颗心吧！

第四单元
我们的秘密和界限

我会交朋友

单元目标

1. 懂得可以和自己信任的人分享秘密，感受分享秘密是一种幸福。
2. 懂得当他人向我们分享了秘密时，我们要学会保守秘密，知道保守秘密是一种责任。
3. 知道朋友之间分享秘密时要做到有福同享、有难同当、有错必纠，理解这才是亲密关系。
4. 知道面对他人分享的秘密，自己要有分析和判断的能力，感觉有可能损害他人的安全和利益时，可以向值得信任的人求助。
5. 知道最亲密的朋友之间也有界限，包括物质界限和精神界限。
6. 懂得尊重界限就是尊重朋友，不随便越过界限闯入朋友的个人世界，也不因好奇而窥探朋友的隐私。学会尊重界限，感受自由、轻松、愉悦。
7. 理解自我的需要不仅有具体的需要，还有朋友之间互相尊重、包容、分担的需要以及自我独立和自我管理的需要。

单元内容结构

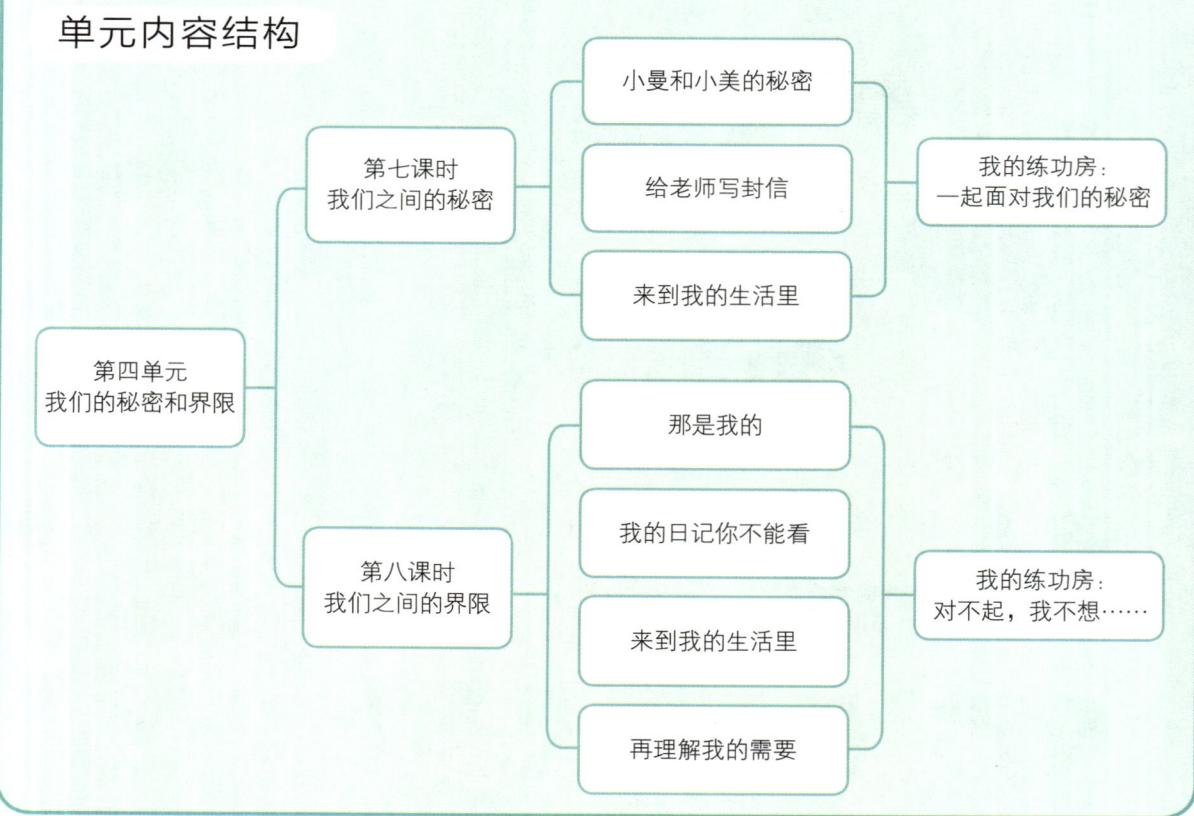

第七课时　我们之间的秘密

课时目标

1. 理解可以和自己信任的人分享秘密，感受分享秘密是一种幸福。
2. 理解当他人向我们分享了秘密时，我们要学会保守秘密，知道保守秘密是一种责任。
3. 知道朋友之间分享秘密时要做到有福同享、有难同当、有错必纠，理解这才是亲密关系。
4. 知道面对他人分享的秘密，自己要有分析和判断的能力，感觉有可能损害他人的安全和利益时，可以向值得信任的人求助。

活动安排

名称		目标	准备	难点
活动一	小曼和小美的秘密	目标1 目标2	无	理解小曼背着妈妈喂猫的原因；理解好朋友分享秘密的内涵
活动二	给老师写封信	目标1 目标2 目标3	无	知道朋友犯错时包庇朋友也是犯错；知道求助时要注意的问题
活动三	来到我的生活里	目标4	无	通过分享，能够反思在分享秘密时要注意什么，并能联系现实生活进行练习

日常修炼

五级功夫第七招：一起面对我们的秘密。

我会交朋友

理论依据

现实生活中，每个人都有自己的秘密和隐私。当孩子们开始有自己的秘密时，意味着他们开始有了属于自己的内心世界。秘密的产生与自我内在的本能和自发性有着直接的关系，因此，秘密是了解自我的重要途径之一，为我们打开了认识自我的一扇窗。孩子开始保守自己的秘密或开始秘密行动，意味着他开始认识自己的内心世界，认识自我，认识自我与他人的差异。

相对于秘密来说，隐私与道德和法律有关。隐私不被侵犯意味着人格尊严受到保护。向朋友分享自己的秘密、暴露自己的隐私是以信任朋友以及自我放松为前提条件的，这时，我们已经完全将朋友当成了自己人或者说是自我的一部分。这也是我们与朋友之间形成亲密关系的重要标志。分享秘密和暴露隐私是有不同层次（不同程度、不同内涵）的，从而形成自我与他人不同亲密程度和不同内涵的人际关系。也就是说，个人秘密的分享程度和隐私的暴露程度反映了他和朋友之间关系的亲疏。朋友之间也应该互相为对方保守秘密和隐私，否则，就意味着对亲密关系的背叛。

儿童在分享秘密和暴露隐私的过程中会感受到自我发现、自我认同以及与他人形成亲密关系的快乐，也会产生一些紧张和焦虑。这两者构成了亲密关系两个方面的内涵：共同享受其中的快乐，共同解决其中的问题。

儿童最初只和最亲密的家人分享自己的秘密，但随着同伴交往的增多和深入，儿童开始和朋友分享自己的秘密。有研究发现，六七岁的孩子就知道不传播朋友的负面信息，并且保守朋友的秘密。他们不但知道秘密应该告诉亲近的人，也会根据"是否能够保守秘密"来判断一个人是不是值得信任和交往。

我们的秘密和界限

要让学生在关于秘密和隐私的已有经验的基础上,理解秘密和隐私对于自我发现、自我认同的意义;理解秘密和隐私中可能隐含着的危险;知道如何避免发生危险,并在此基础上理解亲密关系中自我发现、自我认同和自我发展的内涵。

开课了(5分钟)

我还记得

各位同学,大家好!你还记得上节课学习的主题是什么吗?你都学到了什么?

【说明】教师尽量让学生自己回忆,最后出示上节课"我学到了"中的内容即可。

主题:爱朋友

(1)爱朋友,要包容,能等待;爱朋友,要尊重,不勉强;爱朋友,要分担,送温暖;爱朋友……

(2)亲密的陪伴最重要;将心比心最温暖;你说我听最温柔;我来帮你最有力量。

(3)爱朋友也是爱自己。

我会交朋友

练功分享

五级功夫第六招"你说我听最温柔"你练得怎么样？说一说你的练功故事吧！

【说明】要引导学生学会根据练功目的和练功要领评价自己的练功情况。

导入新话题

上节课我们体会了如何爱朋友，知道了爱朋友就是爱自己，这节课，我们一起来看看朋友之间"只能说给你听"的秘密。

【说明】教师在此可以带领学生重温如何听朋友倾诉心声，在此基础上引入分享秘密的相关内容。

活动一　小曼和小美的秘密（20分钟）

1　情景故事

只说给你听

小曼特别喜欢猫，想养一只，但是妈妈不同意。妈妈不喜欢猫，也害怕养猫会染上什么病，还担心养猫会耽误小曼的学习，所以不让小曼养。

一天，小曼发现小区里的流浪猫花花生了一窝可爱的小猫。小猫太可爱了！小曼太喜欢它们了！她忍不住每天都去看望花花和这些小猫，还把家里的食物带出来，给它们补充营养。

我们的秘密和界限

兴奋之余，小曼又有点担心，怕被妈妈发现，怕妈妈阻止她。于是，她把这个秘密告诉了自己的好朋友小美。小美不像小曼那么喜欢猫，但她非常支持小曼，为小曼出了很多主意，并且保证自己会保守秘密，让小曼放心。她们商量好，每天放学后两人一起去喂猫，如果一个人有事，另一个人就自己去，而且保证喂的时候不直接接触猫。开始时，小曼和小美都从家里带食物喂小猫，随着小猫越长越大，食物不够吃了，她们又一起去学校的食堂找剩饭，还把各自的零花钱凑在一起买猫粮、买逗猫玩具。在和小曼一起喂猫的过程中，小美也越来越喜欢猫了。

有了共同的秘密，小曼和小美觉得很幸福，心里也很踏实！

2 讨论

（1）当小曼心里有了秘密时，她可能会有什么样的情绪？为什么会有这些情绪？其中最核心的情绪是什么？

【说明】小曼当时的情绪可能是兴奋、紧张、忐忑、着急等，其中兴奋是核心情绪。教师可以先让学生自由发言，然后引导学生逐一分析这些情绪：小曼兴奋是因为自己终于可以"养猫"了；紧张是因为怕妈妈知道，也怕真的染上什么病；忐忑是因为自己背着妈妈喂猫，不知道能不能坚持，能不能照顾好小猫……。老师要注意引导学生理解，小曼紧张、忐忑情绪的产生不仅来自妈妈，也源于她自身，鼓励学生有自己的独立思考。

（2）当小曼把这个秘密分享给小美的时候，小曼有什么情绪？有什么需要？小美为小曼做了什么？

【说明】可以根据故事内容来回答小美做了什么，也可以根据小曼的情绪和需要来

我会交朋友

分析小美做了什么。

（3）小曼背着妈妈喂猫的行为是否恰当？

【说明】对于这个问题，教师可以设定两个手势分别代表"恰当"和"不恰当"两个答案，让全班学生同时用手势来表示自己的观点，并根据学生的回答将其分为两组，然后让两组学生进行简单的辩论。在辩论过程中，教师可以将双方的观点写在黑板上，并加以总结。

认为小曼背着妈妈喂猫的行为恰当的理由可能是：小曼和妈妈年龄不一样、爱好不一样，所以在养猫这件事上，她们的需要不一样，小曼背着妈妈喂猫，是在不干扰妈妈的情况下满足了自己的需要，所以这么做是恰当的。认为小曼背着妈妈喂猫的行为不恰当的理由可能是：小曼在喂猫的过程中如果出现问题，还是需要爸爸妈妈帮助解决，所以一开始就不应该瞒着妈妈。这里答案是开放的。教师要引导学生思考解决"养猫"这个问题的方法：小曼可以和小美一起想办法避免喂猫过程中出现危险，解决遇到的问题；她也可以积极地和妈妈沟通，想出两人都能接受的"养猫"方案。

最后，老师要引导学生：小曼开始长大了，有自己的独立性、需要和想法，都可以理解，但毕竟是未成年人，可能会遇到一些自己不清楚的危险，所以还是不能瞒着妈妈，要和妈妈积极地沟通。

（4）小曼为什么要把自己的秘密告诉小美？

【说明】学生可能会说，小曼把自己的秘密告诉小美是因为她信任小美。教师可以继续追问：还有其他原因吗？通过这个问题，引导学生体会小曼兴奋、紧张、忐忑的情绪及其背后的需要都是她和小美分享秘密的原因。小曼需要有个人分享她的快乐、分担她的紧张和忐忑，从而疏解自己的情绪、满足自己的需要。

小曼的情绪	小曼的需要	小美为小曼做的事
兴奋、紧张、忐忑	支持	支持小曼养猫，答应保守秘密
忐忑	陪伴、帮助	帮助小曼喂猫
紧张	陪伴、帮助	保守秘密
兴奋	陪伴、帮助	凑钱买猫粮、猫玩具

（5）在故事最后，你能用什么词和句子来描述小曼的心情？从中你能体会到亲密关系是什么样的关系吗？

【说明】描述小曼心情的词，学生可能会说很多，其中"踏实""幸福"是最主要的。如果用一句话来描述，可以是：能有一个可以分享秘密的好朋友，真的是太好了！

由此，教师可以引导学生理解亲密关系体现在以下三个方面：第一，两人共同分享在一起的快乐；第二，两人共同分担紧张忐忑的情绪，共同解决面对的问题；第三，两人相互影响，都得到了自我的发展。在故事中，小曼觉得小美好聪明，想出了很多解决问题的办法；小美也喜欢上了小猫，觉得生活有了新的乐趣。亲密关系让小美和小曼有一种"有福同享、有难同当"的幸福感受。

（6）假如小美泄露了小曼喂猫的秘密，小曼以后还要不要再和别人分享自己的秘密？

【说明】采用分组讨论的形式，让学生分享自己的观点。答案是开放的，但要告诉学生：我们有秘密的时候，要先思考是否要和别人分享，如果分享就有被泄密的可能。

3 活动小结

（1）有秘密是可以理解的，也是美好的，但要注意秘密中可能隐含的危险，避免发生危险。

（2）可以和值得信任的人分享秘密；他人和我们分享秘密时，我们一定要做到保守秘密。

（3）朋友之间分享秘密时既要有福同享，也要有难同当。在共同面对、解决困难的过程中，我们和朋友都会得到自我的发展。

（4）信任他人和被人信任，都会让人感到特别幸福。

我会交朋友

活动二　给老师写封信（10分钟）

1 情景故事

我们给老师写封信吧

一天放学后，小天和壮壮一起去老师办公室补交作业。办公室里没人，两人看到他们班的一摞作业本就放在桌子上，于是直接走过去，把自己的本子也放了进去。他们放好后，刚要转身离开，小天不小心碰到了一只蓝白色花瓶，只听"啪"的一声，花瓶掉到地上摔碎了。走在前面的壮壮吓了一跳，还没等他反应过来是怎么回事，小天拉住他就往外跑，一口气跑出了学校。

第二天上课前，随着一阵急促的高跟鞋踩在地板上的"咚咚"声，班主任刘老师走进了教室。她神情严肃地说："昨天我开完会回到办公室，看到满地都是花瓶的碎片。咱们班有没有同学在我办公室里打碎了花瓶？"刘老师停下来，目光扫视了一圈，等了几秒钟，看没人吭声，接着说："花瓶是坐在我对面的王老师的，虽然王老师没说什么，但如果是咱班同学打碎的，我希望这位同学能主动站出来承认错误。如果这位同学勇敢地承认，我们会原谅你的，但如果这位同学连认错的勇气都没有，我还是会调查的。我再问一遍：咱班有没有人打碎了花瓶？"说完，刘老师又看了一圈，静静地等着。小天的心怦怦跳个不停，不知道该怎么办。"没人承认，那我就要调查了。"刘老师丢下一句话，又急匆匆地离开了。小天坐在座位上，脸上火辣辣的，心里也乱糟糟的。他偷偷地看了一眼壮壮，发现壮壮也正看着他……

这一天，小天做什么都心不在焉的。壮壮几次想找他聊聊，都没找到合适的机会。好不容易等到了放学，一出校门，壮壮就把小天拉到了一边，轻声说:"小天,我觉得你应该主动向老师承认错误,老师一定会原谅你的。"小天说:"这事儿我也想了一天,可还是不敢说。咱们又不了解王老师,万一她让我赔钱怎么办?我要是问我爸妈要钱,肯定会挨骂的!""那你也应该去向老师承认错误!"壮壮着急地说。然后,他又安慰小天:"没关系的,咱们先去向刘老师承认错误,再请她帮我们和王老师沟通。刘老师虽然严厉,但对我们特别好,你说是吧?如果真要赔钱,我有零花钱,可以和你一起凑,实在不够,咱们还可以找别的同学借。你放心,不管怎么样,我都不会说出去的。"小天犹豫了一下,又担心地说:"老师那么忙,我怕一下子说不清楚。"壮壮认真地想了想,说:"要不我们给老师写封信吧。""好!"小天终于下定了决心。于是,他们一起回到壮壮家,开始给老师写信……

2 讨论

(1)打碎花瓶后,壮壮做了什么?你觉得壮壮做得对吗?为什么?

【说明】对于第一问,学生都会提到壮壮让小天去承认错误。教师可以追问:在了解了小天的顾虑之后,壮壮又说了什么、做了什么?通过追问,引导学生发现:面对小天的顾虑,壮壮还想到了寻求刘老师的帮助以及和小天一起想办法凑钱,还保证自己会保守秘密,让小天放心,最后,他又想出了写信的好办法,并和小天一起给老师写信。要让学生理解壮壮这些想法以及做法的重要性。

对于第二问,大部分学生会认为壮壮的做法是对的。

对于第三问,可以先请学生自由发言,教师再进行总结。总的来说,认为壮壮做得对的理由如下:第一,老师已经发现花瓶被打碎了,而且要进行调查,不承认不行了;第二,更重要的是,这关系到诚信,关系到一个人的道德品质;第三,当朋友出现错误时,不能包庇。

这个故事是关于"隐私"的,而"活动一"中的故事是关于"秘密"的。关于这一点,教师知道就可以,课上不用给学生讲,但如果课后有学生问及,也可以回答。

我会交朋友

（2）小天和壮壮决定以写信的方式向老师承认错误。你觉得他们应该一起给老师写信还是让小天一个人写信？

【说明】有的学生可能会说：是小天打碎了花瓶，这封信应该由小天一个人写，壮壮陪着他就可以了。也有的学生可能会说：壮壮知道是小天打碎了花瓶，但还是包庇了小天，所以他也有错，他应该和小天一起给老师写信承认错误。还有的学生可能会说：壮壮是小天的好朋友，他应该跟小天一起写信，在信里帮助小天和老师沟通。这个问题的答案是开放的，只要学生认识到小天和壮壮是相互理解、相互支持的就可以了。

（3）假设你是小天或壮壮，你会在信里写些什么呢？

【说明】让学生两人一组，分别扮演小天和壮壮，一起给老师写信，之后，请几组学生在班里分享。在分享过程中，要引导学生理解以下三个步骤对于承认错误的重要性：首先，要承认错误，小天和壮壮的错误不仅在于损坏了东西，更在于逃避了责任；然后，要表明自己的态度，即愿意承担责任；最后，要表达自己打碎花瓶时的情绪和面对的困难，请求老师的理解并寻求老师的帮助。

（4）小天和壮壮在共同面对打碎花瓶这个秘密时，有幸福的体验吗？

【说明】对于这个问题，很多学生会脱口而出："没有。"教师可以先接纳这些学生的观点，然后引导学生感受和朋友共同在挫折中获得自我成长的美好，也感受友谊的美好。还可以引导学生想象：如果没有壮壮的陪伴，小天会怎样？让学生体会：小天信任壮壮，有壮壮在身边，小天会觉得心里很踏实，也会有一种幸福感。

接下来，教师再引导学生想象：如果你是壮壮，你心里是否也会有踏实和幸福的感受？让学生体会：小天和壮壮是那么好的朋友，小天不开心，壮壮自然也会不开心；如果壮壮能够帮助小天解决问题，让小天开心起来，他自己也会开心。能够帮助朋友，壮壮心里也会感到幸福。

3 活动小结

（1）朋友的秘密里有错误时，要及时帮助朋友改正，做到有错必纠，才是真正的好朋友。

（2）朋友犯错时，包庇朋友也是犯错。

（3）面对他人的秘密，自己要有分析和判断的能力，感觉有可能损害他人的安全和利益时，可以向值得信任的人求助。

活动三 来到我的生活里（3分钟）

请你们回忆一下自己和好朋友分享秘密的美好故事，然后和同伴讨论一下：分享秘密时，要注意什么？

【说明】先让学生回忆自己和好朋友分享秘密的经历，反思分享秘密时出现的问题，再引导学生总结分享秘密时需要注意的几点：有福同享，有难同当，有错必纠。这里主要由学生生成答案，教师根据学生的回答进行归纳。

我学到了（1分钟）

（1）有自己的秘密是可以理解的，但要注意秘密中可能隐含的危险，避免发生危险。

（2）可以和值得信任的人分享自己的秘密，分享秘密是一种幸福；他人和我们分享秘密时，我们要学会保守秘密，保守秘密是一种责任。

（3）朋友的秘密里有错误时，要及时帮助朋友改正，这才是真正的好朋友；朋友犯错时，包庇朋友也是犯错。

（4）朋友之间分享秘密时要做到有福同享、有难同当、有错必纠。

（5）面对他人分享的秘密，自己要有分析和判断的能力，感觉有可能损害他人的安全和利益时，可以向值得信任的人求助。

（6）分享秘密，信任和被信任，一起成长，都是幸福的。

 我会交朋友

我的练功房（1分钟）

五级功夫第七招：一起面对我们的秘密。

1 练功目的

学会分享和保守秘密，做一个会分享并且值得信赖的人；会辨别秘密中什么是好的，什么是不好的；理解什么是真正的好朋友。

2 练功要领

（1）和朋友分享秘密时能做到有福同享、有难同当、有错必纠。

（2）体会在和朋友分享秘密的过程中自我的成长。

（3）感受和朋友分享秘密时的幸福感和踏实感，体会友谊的美好。

一起面对我们的秘密

秘密：	
有福同享（在秘密中感受到的幸福）	
有难同当（秘密中要解决的问题）	
有错必纠（秘密中要改正的错误）	
一起成长（我学会了……，他学会了……）	

【说明】表中"有难同当""有错必纠"两项，可以让学生选择其中一项完成。

第八课时　我们之间的界限

课时目标

1. 知道最亲密的朋友之间也有界限,包括物质界限和精神界限。
2. 懂得尊重界限就是尊重朋友,不随便越过界限闯入朋友的个人世界,也不因好奇而窥探朋友的隐私。学会尊重界限,感受自由、轻松、愉悦。
3. 理解自我的需要不仅有具体的需要,还有朋友之间互相尊重、包容、分担的需要以及自我独立和自我管理的需要。

活动安排

名称	目标	准备	难点
活动一　那是我的	目标1 目标2	无	明确与身体有关的东西是不可以与人共享的
活动二　我的日记你不能看	目标1 目标2	无	理解因好奇而窥探他人隐私的行为突破了他人的精神界限
活动三　来到我的生活里	目标3	无	理解生活中存在的物质界限和精神界限,懂得尊重
活动四　再理解我的需要	目标3	无	梳理生活中的物质需要和精神需要,以及自我独立和自我管理需要

日常修炼

五级功夫第八招:对不起,我不想……。

我会交朋友

理论依据

　　每个人都有自己独立的世界和独立的自我，这种独立性代表着人格尊严。自我与他人的界限以及对界限的管理是自我独立最基本的内容。

　　那么，自我的界限在哪里？就像地理上的边界是立体的（既有陆地的边界，也有天空的边界）一样，自我的界限也是多方面的。美国心理学家詹姆斯（W. James）认为，自我包括物质自我、社会自我和精神自我。我们认同这种观点。詹姆斯认为，一个人的"我"就是"我的"的总和。他说："一个人的自我，就它的尽可能最广的意义说，是一切他能够叫作'他的'之总和，不仅包括他的身体和他的心理力量，还包括他的衣服和他的房子，他的妻室和儿女，他的祖宗和朋友，他的名誉和成绩，他的地产和马，以及游艇和银行存款。"[1] 因此，自我的界限包括物质自我的界限、社会自我的界限和精神自我的界限。物质自我的界限包括：身体自我的界限，即身体不能被随便触碰；身体外与身体有关的东西如贴身的衣服、会碰到嘴的水杯等不能被随便使用或者拿走。社会自我的界限是指个人在某个场所承担某种社会角色或面对某些人时发生的某些事情，不能在另一个场所或向另一些人提及。例如，个人在家里作为家庭成员发生的事情有的不能在学校或者工作单位提及，同性朋友之间发生的事情有的不能在异性朋友之间提及。精神自我的界限是指自己内心的情感、想法等有的是不能和他人分享的，例如自己的"白日梦"就不愿意让别人知道。

　　考虑到小学生的年龄特征，我们将社会自我的界限暂时也归入精神自我的界限，也就是说，将自我的界限分为物质自我的界限（简称物质界限）和精神自我的界限（简称精神界限）两类，引导学生理解尊重朋友之间的界限的重要性，让学生懂得不要越过界限闯入朋友的个人世界。

---

[1] 詹姆斯. 心理学原理[M]. 唐钺，译. 北京：北京大学出版社，2013：87.

我们的秘密和界限

秘密和界限不是自我的具体需要,而是关于自我成长和独立的需要,这是对需要的理解的深化。与朋友一起分享和面对秘密以及不跨越界限也是人际交往中"反应"内涵的发展。

开课了(3分钟)

我还记得

各位同学,大家好!你还记得上节课学习的主题是什么吗?你都学到了什么?

【说明】教师尽量让学生自己回忆,最后出示上节课"我学到了"中的内容即可。

主题:我们之间的秘密

(1)有自己的秘密是可以理解的,但要注意秘密中可能隐含的危险,避免发生危险。

(2)可以和值得信任的人分享自己的秘密,分享秘密是一种幸福;他人和我们分享秘密时,我们要学会保守秘密,保守秘密是一种责任。

(3)朋友的秘密里有错误时,要及时帮助朋友改正,这才是真正的好朋友;朋友犯错时,包庇朋友也是犯错。

我会交朋友

（4）朋友之间分享秘密时要做到有福同享、有难同当、有错必纠。

（5）面对他人分享的秘密，自己要有分析和判断的能力，感觉有可能损害他人的安全和利益时，可以向值得信任的人求助。

（6）分享秘密，信任和被信任，一起成长，都是幸福的。

练功分享

五级功夫第七招"一起面对我们的秘密"你练得怎么样？说一说你的练功故事吧！

【说明】要引导学生学会根据练功目的和练功要领评价自己的练功情况。

导入新话题

上节课我们学习了与好朋友分享秘密，互相保守秘密，一起面对秘密。那是不是我们所有的小秘密都能和好朋友分享呢？今天我们就一起来讨论这个话题。

活动一 那是我的（11分钟）

1 情景故事

那是我的！

小美是个热情开朗的女孩子，经常和大家分享自己喜欢的东西或学习体会，大家都愿意和她做朋友，小美也很享受这种分享带来的快乐。

小天是小美最好的朋友，两人几乎无话不谈，也常常共享各种好东西，不分你我。有一天，刚下体育课，小美气喘吁吁地跑回教室，刚一进门，就看到小天拿着自己的水杯，正咕咚咕咚地大口喝水。小美赶忙跑上前，一把抢过了水杯，皱着眉头大声质问小天："你怎么喝我的水？"小天愣了一下，不敢相信地看着小美，生气地说："不就是喝了你一口水嘛，至于这么大喊大叫的吗？小气鬼！"说完，他推开小美走出了教室。小美看着小天的背影，想着小天说的话，既生气又委屈。之后，两人好久都没说话……

2 讨论

（1）小美为什么生气又委屈？

【说明】对于"小美为什么生气"这个问题，学生可能会回答"因为小天没征得小美的同意就用了她的水杯、喝了她的水"。这是一个原因，但不是主要原因。教师可以追问还有没有其他原因，引导学生继续深入探讨。小美是嫌弃小天的口水脏吗？可能是，但不完全是。小美生气的根本原因在于，她觉得自己的水杯是和自己的嘴以及口水联系在一起的，嘴是身体的一部分，而口水又含有身体的味道，这些都是私密的，因此，自己的水杯别人是不能随便触碰的。自己的毛巾别人不能随便用，自己的衣服别人不能随便穿，都属于这一类。其实，很多人都不愿意用别人的水杯，也不愿意让别人用自己的

我会交朋友

水杯，有健康方面的原因，也有私密方面的原因。这就是朋友之间的物质界限。尽管小天和小美是最好的朋友，但他们每个人都应该有自己的隐私，也都需要严守朋友之间的物质界限。综上所述，小美生气是因为小天用了她的水杯、喝了她的水，越过了朋友间的物质界限，而且还没有征得她的同意，不尊重她。教师还可以问问学生：除了水杯以外，你认为还有什么物品是私密的，体现了个人的物质界限？请学生举例，如贴身衣物、餐具、日记等。

小美觉得委屈是因为她觉得本来是小天错了，小天还认为是她的错，认为她是小气鬼。小美真的是小气鬼吗？教师可以引导学生运用前面学过的"历史回忆法"，让大家通过往事来判断：小美喜欢分享，不是小气鬼。教师可以引导学生再次体会：小美不让小天喝自己的水，不是在乎水，而是在乎自己的界限。

（2）小美和小天该怎么化解冲突呢？

【说明】引导学生回忆之前学过的"善待冲突法"和"扭一扭，幸福自然来"：首先要珍惜友谊，想一想朋友与自己不一样的需要密码和反应密码，然后调整自己的情绪，问问对方"你怎么了"。明白了自己行为的后果以及对方的感受之后，小美应该向小天解释清楚，小天也应该向小美道歉。有了真诚的沟通和相互理解，小天和小美就能化解冲突，找回友谊。

3 活动小结

（1）每个人都有自己的个人世界，最亲密的朋友之间也要有界限。

（2）物质界限包括身体的界限，即身体不能随便触碰；与身体有关的东西不能被他人使用或者拿走。

（3）如果不小心触碰了他人的界限，与他人发生了冲突，要运用"善待冲突法"，还要换位思考、主动沟通，"扭一扭，幸福自然来"。

活动二　我的日记你不能看（11分钟）

同学们，在日常生活中，朋友之间除了物质界限，还有精神界限。我们一起来看看下面的故事。

我们的秘密和界限

1 情景故事

我的日记你不能看

小天的父母在他8岁的时候离婚了,他一直和姥姥生活在一起。在同学面前,小天总是表现得活泼开朗,但独自一人时,他也会暗自神伤,有时是因为想念爸爸妈妈,有时是因为学习或者生活中遇到了困难,有时是因为和同学闹矛盾……。他把自己的委屈和不开心都写在了一个日记本里,而且每天上学都会带着它,也常常在课余时间写上几笔。

壮壮和小天是非常要好的朋友,每次小天拿出日记本写日记时,壮壮都会好奇地凑过去,想看看小天在写什么,但每次都被小天给拦住了。一天下课后,小天正趴在桌上写日记,听见老师在门口叫他,就赶紧跑过去,日记本忘了收,就放在了桌面上。壮壮出于好奇,飞快地拿起小天的日记本翻看起来,一边看一边小声嘀咕:"哎呀!原来小天的爸爸妈妈离婚了呀!……小天和小美关系那么好,还会吵架?……哇,小天梦想有一天可以成为科学家呢!……"壮壮看得太投入了,完全没注意到小天已经回到教室,走到了他身边……

我会交朋友

2 讨论

（1）看到壮壮偷看自己的日记，小天会是什么情绪？为什么？

【说明】大多数学生都会认为小天当时的情绪是"愤怒"。教师要引导学生思考：为什么自己的日记不能让别人看？学生可能会说：因为日记里记录了让自己不开心甚至觉得羞愧的事情。教师可以追问：如果别人看到了你日记中写的那些让你不开心或者觉得羞愧的事情，你可能会更加不开心或者更加羞愧，为什么还会愤怒呢？通过这个问题，引导学生体会自己的日记即自己的秘密被别人偷窥后的愤怒。

小天感到愤怒是因为他觉得自己的内心世界受到了侵犯，自己的独立和尊严受到了侵犯。也就是他的精神界限被触碰，由此，我们了解到朋友之间不只有物质界限，还有精神界限，也就是内心世界的界限，人的内心世界是不允许别人偷窥的。

教师可以接着问学生：如果你的日记里写的都是让人开心的事情，别人就可以随便看你的日记了吗？答案显然是"不行"，因为日记是完全属于个人的秘密，不管里面的内容是什么，他人未经允许都不能看。

（2）壮壮在日记里看到了小天的哪些秘密？你能分类吗？

【说明】让学生罗列出壮壮看到的秘密，然后，教师带领学生将秘密分为家庭中的秘密、朋友间的秘密和自己的秘密。这个分类渗透着社会自我的界限和精神自我的界限，教师不必明说，但可以让学生有些感受（可以在此提出"精神界限"这个词）。

（3）后来，壮壮向小天承认了错误，并保证绝不把他看到的内容告诉别人，小天也原谅了他。过了一段时间，壮壮又想起在日记中看到的小天和小美吵架这件事了，他特别好奇他们为什么吵架，很想去问个究竟，这种想法合适吗？如果壮壮忍不住问了，小天该怎么办？

【说明】如果有学生提出日记中记录的小天和小美吵架的事不算隐私，教师可以帮助学生理解每个人对隐私的感受是不一样的。不管"吵架事件"是不是隐私，这种好奇都是不允许的，因为好奇越界了就是对别人内心世界的一种窥探。因此，想去问个究竟的想法是不对的。教师可以引导学生区分"好奇"和"关心"，两者的区别在于出发点不同——好奇是满足自己的需要，关心是满足他人的需要。两者的不同也可以通过表情来判断对人可以好奇，但这种好奇不能越界，越界了就是窥探，窥探是不可以的。引导学生重温第六课爱朋友中学到的：爱朋友，要包容，能等待；要尊重，不勉强；要分担，送温暖。

如果壮壮刨根问底，非要窥探小天的隐私，小天可以说："对不起，我不想说。"老师可以追问：小天拒绝后情绪是怎样的？引导学生理解，拒绝后小天应该是愉悦轻松的。

③ 活动小结

（1）朋友之间不仅有物质界限，也有精神界限。

（2）我们不能窥探别人的内心世界，不要因为好奇而去问个究竟。

（3）自我需要不仅有吃穿住行的具体需要，还有关于自我的独立的需要。

（4）体会合理拒绝别人对隐私的窥探，可以感受到自由、轻松、愉悦的心情。

活动三　来到我的生活里（5分钟）

在前面两个故事里，小美不愿意让别人碰的水杯被朋友小天拿起来就用，小天写在日记里、不想让别人知道的事情被朋友壮壮偷看了。你有过类似的自己的秘密被别人窥探的经历吗？发生这样的事情时，你的感受是什么？请你和同学一起讨论一下吧。

活动四　再理解我的需要（5分钟）

通过这学期的学习，除了具体的吃穿住行、玩和学习的需要，你还知道自我的哪些需要？

【说明】引导学生联系生活来体会各种需要。我们有吃穿住行的需要，有玩和学习的需要，通过本册的学习，知道还有友谊的需要，也有自我独立和自我管理的需要。老师可以带领学生一起梳理本册中所涉及的关于友谊的具体需要是什么。

我会交朋友

课时	需要
第一课时　我的朋友们	各种类型的朋友
第二课时　我会和不一样的人交朋友	和跟自己不一样的人交朋友
第三课时　友谊小回转	解决冲突（你好，我也好）
第四课时　友谊大回转	寻找友谊历史事实，坚定对朋友的信任
第五课时　爱自己	真实地表达自己
第六课时　爱朋友	包容、尊重、分担
第七课时　我们之间的秘密	分享和保守秘密 有福同享，有难同当，有错必纠
第八课时　我们之间的界限	不越过朋友之间的界限

活动小结

通过回顾，我们更清晰地了解了生活中我们的需要。正是这些需要，让我们的生活充满色彩。

我学到了（1分钟）

（1）每个人都是独立的，都有属于自己的世界。

（2）朋友之间的界限有物质界限和精神界限。

（3）要尊重朋友之间的界限，不要因为好奇而去窥探朋友的内心世界。

（4）要合理拒绝别人对隐私的窥探，感受拒绝后轻松愉悦的心情。

（5）我们有吃穿住行的需要，有玩和学习的需要，有友谊的需要，也有自我独立和自我管理的需要。

我的练功房（1分钟）

五级功夫第八招：对不起，我不想……。

1 练功目的

当他人想突破我们的界限时，敢于礼貌地表达拒绝，并感受拒绝之后的轻松和愉悦。

2 练功要领

（1）辨别他人是否正在或想要突破我们的界限。

（2）判断他人正在或想要突破的是物质界限还是精神界限。

（3）选择合适的方式礼貌地拒绝对方，如告诉对方："对不起，这是我的秘密，我不想说。"

（4）感受拒绝对方后的情绪。

对不起，我不想……

故事情境	界限的类别	表达拒绝	拒绝后的情绪

健康宣言（2分钟）

同学们，与朋友愉快地相处，保持健康阳光的和谐关系，让我们既能感受到信任与担当的幸福，又能享受到亲密而不越界的美好。我们一起来朗读下面的健康宣言吧！

我会交朋友

好朋友一起走

我的朋友类型多，急性子慢性子都很好。

有新鲜、有默契，你来我往哈哈笑。

经常想想"扭一扭"，友谊回转"大调调"。

一时冲突莫焦躁，回忆过去大回转。

爱朋友也爱自己，亲密和谐乐陶陶。

界限分明我知道，尊重彼此友谊牢。

宣誓人：_____

____年____月____日

"大功告成"：我的练功单元（1分钟）

我们将在四周后进行第一个大功"友谊小回转"的练功分享。请你们认真练功，每周完成一张练功单（关键是练功过程）。（提醒学生：《我会交朋友学习手册》里有三张练功单，如果不够的话，可以再向老师要）另外，在自我练功阶段，同学们四人一个小组，平时要经常交流练功情况。在每个小组内，同学们可以轮流组织交流活动，每周一次。

最后一位小组交流负责人将负责练功分享课上你们小组分享的组织工作。每周小组交流后，请同学们把练功单交给老师保存。相信通过这些练功，能够增进你和朋友的友谊，你的生活会更加幸福，你们小组的同学也会成为更亲密的朋友。

第五单元
"大功告成"：我的练功单元

 我会交朋友

单元目标

1. 感受冲突解决后的喜悦，体会友谊小回转的价值，找到友谊小回转的难点和解决办法。
2. 理解友谊小回转"大三步"和"小三步"中的每一步以及顺序的重要性。
3. 感受爱自己就要敢于在他人面前表达自己真实的需要。
4. 体会爱自己也要爱朋友，要协调"你需要"和"我需要"；当无法协调、只能按照自己的需要做事时要让对方理解原因。
5. 理解爱自己的重要性。

单元内容结构

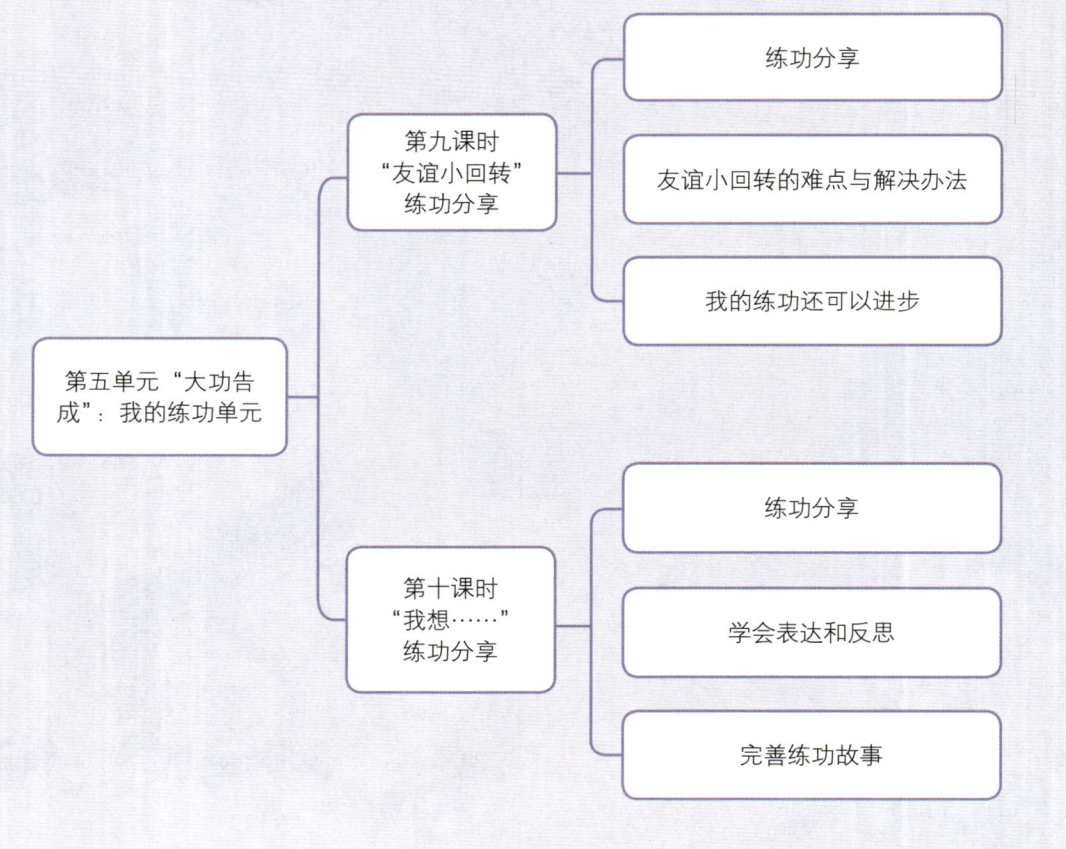

第九课时 "友谊小回转"练功分享

课时目标

1. 分享练功情况,感受冲突解决后的喜悦,体会友谊小回转的价值。
2. 找到友谊小回转的难点和解决办法。
3. 理解友谊小回转的"大三步"和"小三步"中的每一步以及顺序的重要性。

活动安排

活动一 练功分享(15分钟)

同学们,还记得我们学过的五级功夫第三招"友谊回转'三步曲'"吗?遇到冲突要冷静,觉察对方和自己的情绪,主动询问"你怎么了",这样可以帮助我们化解冲突、找回友谊。现在,请你们参考"友谊小回转"练功单分享一下自己的练功成果。

"友谊小回转"练功单

冲突故事	第一步:我来扭一扭 (觉察情绪,主动询问)	第二步:你说我听 (你怎么了)	第三步:我说你听 (我怎么了)
	(1)	(1)	(1)
	(2)	(2)	(2)
	(3)	(3)	(3)

我会交朋友

1 小组分享

首先,请每位同学选择一个故事在组内进行分享,分享时要注意根据友谊小回转的"大三步"和"小三步"分析你的练功是否成功。每个同学分享后,小组其他成员都要说说:在他的故事中,哪个情节你印象最深?你感受到了什么?这对你的"友谊小回转"练功有什么启发?大家都分享完之后,每组再推荐一名同学到全班分享。

【说明】让学生在组内说感受和启发,带着要求去听故事,可以帮助他们更好地倾听和思考。学生间通过交流会产生共情,从而更能体会找回友谊的重要性和友谊小回转的意义。

2 全班分享

请每组选一位代表在全班分享。每位分享人说完后,请同学们互相说说感受和启发。

【说明】每组选一个练功故事在全班分享,然后让学生选择最触动自己的一点表达自己的感受和启发。要让学生明白运用友谊小回转的方法找回友谊一定是一个复杂的过程,但最后的感受肯定包含了喜悦和快乐。教师除了让学生充分表达找回友谊的喜悦之情外,还要追问学生从他人的分享中受到了什么启发。这是难点,也是在为活动二进行铺垫。教师要注意记录学生提到的各种启发。

活动二 友谊小回转的难点与解决办法(15分钟)

同学们,就像跳舞有难点和技巧一样,友谊小回转也有它的难点和技巧。你们在练功过程中觉得哪些是难点?这些难点有哪些表现?你们又是怎么解决的?请你们根据自己的情况填写下面的表格,一会儿请几位同学进行分享。

"大功告成"：我的练功单元

难点	表现	解决办法
觉察自己的情绪	生气时关注不到自己的语言和行为	利用"情绪镜子"，观察对方的情绪，关注自己的呼吸和心跳
调整自己的情绪	太生气时不能控制自己	冷静，暂时搁置，美好回忆法，发现友谊的冲突陷阱"我好，你不好"
改变"我好，你不好"的观念	把过错都归结到对方身上，认为自己都是对的	改变"我好，你不好"的观念，将其转变为"你不好，我也有错"，最终达到"我好，你也好"
好好听，好好说	说话有大爆炸词语、语气语调带有情绪	生气时不说话，按照"小三步"说和听

【说明】希望学生客观、充分地表达自己想到的难点，展现自己解决问题的智慧。学生的难点可能会集中在"觉察情绪"上。要引导学生对提升情绪觉察能力等更基本的练功的重视，以及对冲突的本质是"我好，你不好"的观念的再认识。老师细致解释"大三步"和"小三步"，并强调说明第一步的意义。我来扭一扭的意义：觉察情绪，主动询问，注意此时态度的变化。你说我听的意义：补充自己不了解的对方的信息。我说你听的意义：让对方了解自己的信息。因此，在大三步中的后两步就是在解决信息的不对等。另外，学生在前面的练功分享中可能会出现友谊小回转步骤不全和顺序颠倒的情况，出现这种情况时，解决冲突、找回友谊的过程就会遇到困难，教师要注意通过一些案例让学生体会友谊小回转的"大三步"和"小三步"中的每一步以及顺序的重要性。还要提醒学生：友谊小回转仅适用于冲突双方平等的情况，在双方不对等的情况下我们应该勇敢地说出自己的想法。

我会交朋友

第一步：我来扭一扭 （觉察情绪，主动询问）	第二步：你说我听 （你怎么了）	第三步：我说你听 （我怎么了）
练功目的：从"我"转向"你"	练功目的：耐心听并理解对方怎么了	练功目的：好好告诉对方自己怎么了
练功要领（小三步）： (1) 觉察自己的情绪并调整 (2) 觉察对方的情绪 (3) 主动询问对方：你怎么了？	练功要领（小三步）： (1) 听对方描述他看到了"我"的什么行为 (2) 听对方描述这种行为造成的后果 (3) 听对方表达他的内心感受	练功要领（小三步）： (1) 具体描述对方的行为 (2) 描述对方的行为造成的后果 (3) 表达自己的内心感受

活动三　我的练功还可以进步（9分钟）

同学们，经过上面的分享和讨论，你觉得自己的练功还可以改进吗？现在请拿出你的练功作业，根据你的想法修改并完善它。记住，友谊小回转的"大三步"和"小三步"一个都不能少呀！

【说明】这一环节主要是为了激发学生不断改进自己练功的愿望。结合刚刚的学习和思考，给学生时间让他们在课堂上完善自己的练功。

布置第二个大功分享（1分钟）

同学们，四周后我们将进行下一个"大功"——"我想……"的练功分享，希望大家认真练功。

在下一个大功分享之前是自我练功阶段，请同学们坚持练功，并按照已有的小组交流练功情况。在每个小组内，同学们可以轮流组织交流活动，每周一次。交流后，请你们把练功单交给老师保存，最后一次组内交流时，小组要推荐一位同学在全班进行分享。

第十课时 "我想……"练功分享

课时目标

1. 分享练功情况，感受爱自己就要敢于在他人面前表达自己真实的需要。
2. 体会爱自己也要爱朋友，要协调"你需要"和"我需要"，当无法协调、只能按照自己的需要做事时要让对方理解原因，当触犯到他人利益或越过界限时要及时停止。
3. 理解爱自己的重要性。

活动安排

活动一 练功分享（15分钟）

同学们，最近我们一直在练习五级功夫第五招"我想……"吗？那么现在请同学们分享一下自己的练功故事。

"我想……"练功单

生活情境	朋友的需要	我的需要	我该怎样表达自己的需要

回顾之后，请每组选一个让你们最有感触的练功故事在全班分享。请大家在听的过程中思考：同学的练功过程有哪些地方值得你借鉴？

【说明】有的学生可能会说表达自己真实的需要，就不会让自己太委屈，就能更加轻松、愉悦；也有学生可能会说表达自己真实的需要时有紧张、担心、忐忑的情绪，但

我会交朋友

核心情绪还是开心，因为能够说出来。在不触犯他人利益并且没有违反原则的前提下，敢于表达自己的需要，听从内心做自己喜欢的事，拒绝做自己不喜欢的事，这些都会让自己开心。教师可以根据练功要领来引导学生思考得到了什么样的借鉴。

活动二　学会表达和反思（15分钟）

在同学们的分享中，我们充分感受到了他们在表达自己内心需要时的美好情绪。接下来，我们根据自己的练功情况，一起探讨几个问题。

（1）同学们在表达自己真实的需要时有没有觉得别扭的地方？

【说明】让学生根据他们的感受提出别扭的地方。别扭有两种情况：第一种情况是没有触犯到他人利益，也没有违反原则，老师要引导学生理解什么是核心情绪，让学生体会表达出来之后的舒畅。第二种情况是触犯了他人的利益，或者是违反了原则，这是自身的问题，需要反思。

在出现第二种别扭之前，如果能意识到我们表达自己的真实需要会侵犯他人利益或者越过界限，最好能先停止表达自己的需要，如果已经表达了，要记得及时停止表达并进行反思

（2）当我们的真实表达让自己觉得别扭时，说明我们的表达需要调整。请你们根据自己的情况想一想该怎样调整。

【说明】学生可能会说"要好好说"，但这种说法不具体，不便于指导行动。教师要引导学生聚焦到怎样才能做到"好好说"上。好好说，就是在表达自己的真实需要时也要考虑对方的感受。"好好说"可以分为以下四步：（1）大胆说出"我想……"；（2）说明"我之所以想……是因为……"（尝试让对方理解自己）；（3）询问对方"你希望怎么样？"；（4）协调"我想……"和"你想……"，即协调"我需要"和"你需要"。到第四步可能会有两种情况：一种情况是"你需要"和"我需要"不冲突，这时要在表达自己需要的时候尽量兼顾对方的需要；另一种情况是两个人的需要真的不能融合。这时又会出现两种情况：第一种是拒绝对方，在拒绝时要让对方明白，你拒绝他（她）不是不尊重他（她），而是有自己的需要，如果不按照自己的需要去做，就会带来不好的后果，表

达"请你理解";另一种情况是被对方拒绝,你的情绪很不好,但是要接纳,理解对方有自己的需要,调整自己的情绪,表达"我理解"。

（3）在表达自己真实的需要时,还要倾听和考虑别人的想法,会不会让你觉得有些压抑呢？为什么？

【说明】让学生真实地表达自己的想法。可能有学生会觉得有些压抑,因为既要倾听他人的想法,又不能放弃自己的想法,要融合"你需要"和"我需要"。要让学生体会到：这样做既充分表达了自己的需要,同时又考虑了对方的感受,既可以让自己舒畅,又不会因为完全不考虑对方而内疚,最终是不压抑的。

活动三　完善练功故事（9分钟）

请同学们根据刚才的讨论来完善自己的练功以及练功故事。完成后,请两位同学在全班分享。

【说明】让学生根据前面讨论出的"好好说"的四个步骤,完善自己的"练功故事"。在全班分享的时候,要请学生说明他之前是怎样表达的,现在是怎样表达的。教师在学生分享后进行总结：通常我们都无法一次就表达完美,需要在与他人的沟通、交流中让自己的表达不断完善,并得到对方的理解。

布置假期练功："我想……"（1分钟）

同学们,假期就要到了,希望你们在假期里也能坚持练功。练功能让我们更会交朋友,生活更幸福。假期里,我们主要还是练习"我想……",如果你愿意选择其他内容进行练功也可以。要记录你的练功故事,开学后我们一起分享。预祝大家假期愉快！

参考文献

1. 埃里克森 . 同一性：青少年与危机 [M]. 孙名之译 . 杭州：浙江教育出版社，1998.
2. 董莉，沃建中 . 3—6年级小学生人际交往发展特点的研究 [J]. 中国临床心理学杂志，2005（1）：45.
3. 范梅南，莱维林 . 儿童的秘密：秘密、隐私和自我的重新认识 [M]. 陈慧黠，曹赛先，译 . 2版 . 北京：教育科学出版社，2014.
4. 高文凤，丛中 . 社交焦虑与大学生自尊、自我接纳的关系 [J]. 健康心理学杂志，2000（3）：276.
5. HARRIS T A. 沟通分析的理论与实务：改善我们的人际关系 [M]. 林丹华，周司丽，译 . 北京：中国轻工业出版社，2013.
6. 季苹 . 教什么知识：对教学的知识论基础的认识 [M]. 北京：教育科学出版社，2009.
7. 彭小虎，王国锋，朱丹 . 儿童发展与教育心理学 [M]. 上海：华东师范大学出版社，2014.
8. 斯莱文 . 教育心理学：理论与实践 [M]. 姚梅林，等译 . 北京：人民邮电出版社，2004.
9. 杨俐容 . 你好，我也好：增进孩子的沟通技巧 [M]. 嘉义：耕心文教事业推广有限公司，2015.
10. 詹姆斯 . 心理学原理 [M]. 唐钺，译 . 北京：北京大学出版社，2013.

出 版 人　李　东
责任编辑　何　薇
插画设计　张亦伦
版式设计　宗沅书装　吕　娟
责任校对　贾静芳
责任印制　叶小峰

图书在版编目（CIP）数据

我会交朋友 / 胡晓峰，李滨主编 .—北京：教育科学出版社，2021.2（2023.8重印）
学生健康自我成长课程 / 季苹主编
ISBN 978-7-5191-2535-6

Ⅰ. ①我… Ⅱ. ①胡… ②李… Ⅲ. ①心理交往—青少年读物 Ⅳ. ① C912.11-49

中国版本图书馆 CIP 数据核字（2021）第 010130 号

学生健康自我成长课程
我会交朋友
WO HUI JIAO PENGYOU

出版发行	教育科学出版社		
社　　址	北京·朝阳区安慧北里安园甲 9 号	邮　　编	100101
总编室电话	010-64981290	编辑部电话	010-64981277
出版部电话	010-64989487	市场部电话	010-64989009
传　　真	010-64891796	网　　址	http://www.esph.com.cn
经　　销	各地新华书店		
印　　刷	中煤（北京）印务有限公司		
制　　作	宗沅书装		
开　　本	880 毫米 ×1230 毫米　1/16	版　　次	2021 年 2 月第 1 版
印　　张	7.75	印　　次	2023 年 8 月第 2 次印刷
字　　数	120 千	定　　价	64.00 元

图书出现印装质量问题，本社负责调换。